GTB
Gütersloher Taschenbücher
714

Weisheit der Religionen

Herausgegeben von Adel Theodor Khoury

Die Lehren des Buddha

Erläutert von Peter Gerlitz

Gütersloher Verlagshaus

Originalausgabe

Für Werner Dittmann, den Freund,
der mir zuhört, und dem ich zuhöre

Die Deutsche Bibliothek – CIP-Einheitsaufnahme

Die Lehren des Buddha / hrsg. von Peter Gerlitz. – Orig.-Ausg. –
Gütersloh: Gütersloher Verl.-Haus, 1996
(Gütersloher Taschenbücher; 714: Weisheit der Religionen)
ISBN 3-579-00714-9
NE: Gerlitz, Peter [Hrsg.]; GT

ISBN 3-579-00714-9

Umschlaggestaltung: Dieter Rehder, Aachen, unter Verwendung einer
Darstellung Buddhas mit Ermutigungsgeste (abhaya mudra)
Satz: Weserdruckerei Rolf Oesselmann GmbH, Stolzenau
Druck und Bindung: Clausen und Bosse, Leck
Gedruckt auf chlorfrei gebleichtem Werkdruckpapier
Printed in Germany

Inhalt

Vorwort 7

Leben und Legende des Buddha Shakyamuni
Eine Einführung 11

Buddhas Botschaft – Seine Diagnose und
seine Therapie 18

Die Erleuchtung unter dem bodhi-Baum 23

Nichts ist beständig – Alles ist im Wandel 30

Worüber der Buddha keine Auskunft gibt 38

Gutes tun und Böses vermeiden 41

Eine Lehre für Mönche und Nonnen,
die auch für Laien gilt 49

Die Liebe als ethischer Impuls 52

Der Umgang mit den Mitmenschen 60

Keine Kastenunterschiede – Alle Menschen sind gleich 64

Buddha Shakyamunis letzte Tage 66

Was ist das nirvana? 70

Die Felsenedikte des Kaisers Ashoka 73

Das Bodhisattva-Ideal im Mahayana-Buddhismus 75

Jedes Wesen enthält die Buddha-Natur 81

Anmerkungen 89

Literaturhinweise 92

Quellenverzeichnis 95

Vorwort

Die Gangestiefebene, die Gautama Buddha mit seinen Jüngern durchwanderte, die Reiche Maghada und Kosala, waren zu Beginn des 6. vorchristlichen Jahrhunderts bereits Zentren religiösen und wissenschaftlichen Lebens. Ähnlich wie in Griechenland hundert Jahre später existierten hier schon religionsphilosophische Schulen, an denen man Logik und dialektische Argumentation lehrte und die religiösen Theorien der damaligen Zeit systematisch aufarbeitete und durch Schüler im Lande verbreiten ließ.

Es waren in der Hauptsache *vier Probleme*, die die indischen Weisen beschäftigten: zunächst die Frage, ob die Welt endlich oder unendlich, ewig oder nicht ewig sei; dann die Frage, ob das Selbst des Menschen, der atman, nach dem Tode erhalten bleibe, also ewig ist; dann die Frage, ob das Selbst und die Welt durch irgendein göttliches Wesen verursacht seien oder a-kausale Gebilde darstellten, und schließlich die Frage, um die alle anderen Fragen kreisten: Was wird aus den Wesen nach ihrem Tode? Werden sie einmal Teil einer Gottheit oder gar identisch mit dem brahman sein, dem kosmischen Selbst? Und wie kann man ihnen im Diesseits und im Jenseits ihr Los erleichtern?

Die geistige Elite, die solche Probleme durchdachte, bestand aus zwei Gruppen: Die *Brahmanen* bildeten die priesterliche Kaste und vertraten die Orthodoxie. Sie bewahrten den Veda, die Brahmanas und die Upanishaden, in denen die Weisheit der indischen Antike aufgehoben ist, und sie vollzogen die Riten, von deren peinlicher Befolgung sie das menschliche Schicksal abhängig glaubten. Die *Shramanas*, d.h. »die nach Erkenntnis Strebenden«, hingegen waren Wanderasketen, die die großen Fragen in völliger Freiheit lösen wollten und von Almosen lebten, die sie von der gläubigen Bevölkerung erhielten. Sie kamen aus allen Kasten des Landes, meistens aber aus der Brahmanenkaste und den Adelskasten, den Kshatriyas. Aber sie hatten ihren sozialen Status aufgegeben, verachteten ihn gar, und pflegten Kontakte mit allen Schichten der Bevölkerung. Bei den Gläubigen genossen sie hohe Verehrung, denn man schrieb ihnen magische Kräfte zu. Manche Shramanas widersetzten sich der brahmanischen Orthodoxie, verachteten ihren Ritualismus und ihre Buchstabengläubigkeit. Allerdings mutete das Leben vieler dieser Asketen recht sonderbar an: Sie wanderten nackt einher, betätigten sich als Fakire, übernachteten an Leichenverbrennungsstätten oder verstümmelten sich, um die Abscheu vor ihrem Körper und allen materiellen Dingen sinnfällig zu machen. Andererseits gab es jedoch unter den Shramanas wahrhaft heilige Männer, die ihr weltliches Leben verlassen hatten, um nun in selbstgewählter Einsamkeit und Armut zu leben. Sie suchten den inneren Frieden und über den inneren Frieden auch die Harmonie unter den Menschen und allen Lebewesen.[1] Auf dem Hintergrund dieser asketischen Bewegung muß man auch das Entstehen des Buddhismus und seiner Zwillingsreligion, des Jinismus, sehen.

Werfen wir noch einen Blick auf eine Lehre, die in den indischen Religionen bis auf den heutigen Tag als unumstößliches Glaubensdogma gilt: *die Lehre von der Wiedergeburt, der Reinkarnation.*

Der Glaube, daß Menschen und Tiere, Götter und Dämonen wiedergeboren werden, war und ist in Indien ungebrochen gültig, und ungebrochen gültig war und ist darum auch die Vorstellung, daß das Dasein eine Kette, einen Kreis bildet, der kein Ende hat. Die Brahmanen meinten, daß die Befolgung der Riten günstige Wiedergeburten bewirke; die Shramanas hingegen erkannten die endlose Reihe der Daseinsformen und suchten nach Wegen, um diese unheilvolle Kette von Werden und Vergehen und erneutem Werden zu durchbrechen.

Mit der Lehre von der Wiedergeburt hängt seit alters die *Lehre vom Karma* zusammen. Karma (Pali: kamma) bedeutet Tat: Und die Tat, d.h. ihr moralischer Wert, bestimmt den Mechanismus der Seelenwanderung, des samsara, und der Wiedergeburten. Einige Asketenschulen waren gar der Ansicht, daß der Mensch diesem Mechanismus völlig ausgeliefert sei und keinen Einfluß auf sein Fortleben nach dem Tode habe. Ihnen galt der Geburtenkreislauf als ein Verhängnis. So nämlich lehren auch die Upanishaden: Das Karma zwingt den Menschen im samsara zu bleiben, »d.h. in dem rastlosen Strom des Weltgeschehens mitzugehen, niemals zu ruhen ..., immer wie ein hilfloses Schiff dem sich unaufhörlich fortbewegenden Weltstrom preisgegeben, immer dem Leide unterworfen, mit Unliebem verbunden, dem Unbehagen ausgeliefert. Und was das Schlimmste ist: Das Karma gleicht einem Räderwerk, das beim Ablaufen sich selbst wieder aufzieht. Das Karma, von dem die nächste Existenz abhängt, ist das Produkt der vorigen. Das jetzige Leben ist das Ergebnis eines Karmas, das früher produziert wurde, legt aber gleichzeitig den Status fest, in dem man später wiedergeboren werden wird«[2].

Was nun die Lehre vom Menschen betrifft, so waren die meisten religiösen Schulen der Ansicht, daß das menschliche Wesen aus materiellen und geistigen Elementen besteht, zu denen allerdings ein ewiges, bleibendes Element hinzutritt. Von den materialistisch eingestellten Philosophen des damaligen Indien wurde natürlich dieses Ewigkeitsprinzip geleugnet. Die Auseinandersetzungen darüber spiegeln sich in Buddhas Predigten wieder. Als *Erlösungspraxis* galt bei den Wanderasketen das *Yoga*, durch das der Meditierende stufenweise zur Versenkung gelangt, um schließlich die Erleuchtung zu erleben und damit die Einheit seines Selbst mit dem Kosmos. Auch der Buddha hat sich – bis in sein Sterben hinein – der Yogaübungen bedient; allerdings hat er ihre Radikalität und ihre Ausschließlichkeit auch immer wieder in Frage gestellt.

Dies war der geistige Nährboden, auf dem der Buddhismus entstehen konnte, und zugleich die Umgebung, in welcher Buddha Shakyamuni, sein Stifter, mit seiner Botschaft auftrat.

Wir werden sehen, daß vieles von dem, was der Buddha lehrte, lange schon Bestandteil der alten indischen Religionen war. Und zugleich werden wir spüren, daß er einige Dinge ganz neu sagte, so, als hätte noch niemand vor ihm darüber nachgedacht.

Peter Gerlitz

Leben und Legende des Buddha Shakyamuni

Eine Einführung

Wir wissen nur wenig über den Stifter des Buddhismus und seine Herkunft. Und von dem, was wir über ihn wissen, ist vieles Legende oder gehört zur Mythologie dieser Religion, die um ihren Stifter einen Kranz phantastischer Erzählungen gewoben hat. Dennoch lassen sich gerade aus den Legenden und Erzählungen Rückschlüsse auf sein Leben und sein Wirken ziehen. Viel wichtiger jedoch ist, daß zahlreiche Quellen über die Entstehung des Buddhismus und seinen Stifter Auskunft geben. Als grundlegendes, ältestes Werk von höchster Autorität gilt die *Sammlung Tipitaka,* »Dreikorb«, die auf die buddhistischen Väter, die Theravadin, zurückgeht und im 1. Jh. v.Chr. auf dem Konzil von Pataliputra (Sri Lanka/Ceylon) aufgezeichnet wurde. Die Sammlung Tipitaka setzt sich zusammen aus dem Vinayapitaka, dem »Korb der Ordenszucht«, der sich auf die Mönchsgemeinde bezieht, dem Suttapitaka, dem »Korb der Lehrvorträge«, der die Inhalte der Religion in Form von Dialogen zwischen dem Meister und seinen Jüngern enthält, und dem Abhidhammapitaka, dem »Korb der höheren Lehre«, der die buddhistische Ethik behandelt. Die Sprache der heiligen Schriften des buddhistischen Kanons ist das Pali, ein mittelindischer, dem Sanskrit verwandter Dialekt, der zur Zeit des Kaisers Ashoka (3. Jh. v.Chr.) entstand und zur offiziellen religiösen Sprache erhoben wurde. Daneben sind uns aus dem Norden Indiens (Nepal) Bruchstücke eines Sanskrit-Kanons erhalten, denen die Buddhismusforschung heute besonderes Gewicht beimißt, weil sie – zusammen mit dem Pali-Kanon – die Zuverlässigkeit der Texte und die Historizität des Buddha Shakyamuni verbürgen. Von besonderer Bedeutung sind dabei auch die Erlasse des Kaisers Ashoka, die dieser in sogenannten »Felsenedikten« veröffentlichen ließ. Sie nehmen häufig auf den Tipitaka Bezug und lassen den Schluß zu, daß es im 3. Jh. v.Chr. bestimmte »Logien« (überlieferte Aussprüche) aus dem Munde des Erhabenen, sogenannte Nikayas, gegeben hat, die als durchaus zuverlässig gelten können.

Die Überlieferung der heiligen Texte fand bis zur Kanonisierung auf dem Konzil von Pataliputra mündlich statt, nahm also einen ähnlichen Weg wie die Evangelien. Auch vom buddhistischen Kanon läßt sich kaum mehr sagen, welche Reden wirklich historisch sind und welche von der Gemeinde nachempfunden wurden. Die Sammlung Tipitaka hat demnach ein ähnliches Schicksal erfahren wie die Schriften des Neuen Testaments.

Die bedeutendste Übersetzungsarbeit auf europäischem Boden leistete die *Pali Text Society* in London. Hier sind Namen zu nennen wie F. Max Müller, T.W. Rhys Davids und Hermann Oldenberg.

Die Fülle an Literatur und Berichten läßt also keinen Zweifel daran, daß Buddha wirklich gelebt hat, ja, daß er vielleicht sogar die erste geschichtliche Persönlichkeit Altindiens ist, die sich historisch datieren und einordnen läßt. Natürlich schwanken die Forschungsergebnisse, doch wird man heute mit ziemlicher Wahrscheinlichkeit sagen können, daß Buddha Shakyamuni um 560 vor Christus geboren wurde und um 480 vor Christus starb.

Die verschiedenen Berichte, die wir von seinem Leben besitzen, stimmen alle darin überein, daß der Stifter des Buddhismus aus einem vornehmen Adelsgeschlecht stammte, das sich *Shakya* nannte und dem er daher seinen Beinamen *Shakyamuni*, »der Weise aus dem Geschlecht der Shakya«, verdankt. Sein Vater war einer der vielen Stammesfürsten, die das damalige Indien unter sich aufgeteilt hatten. In den Kindheits- und Jugenderzählungen erscheint neben dem Namen der Mutter *Maya* der Name des Vaters *Suddhodana*. Aus den Begegnungen des

Buddha mit den Menschen seines Volkes wissen wir, daß sein Geburtsname *Siddharta* war. Als Heimat des Buddha gilt die Stadt Kapilavastu, die im Süden des heutigen Nepal liegt.

Legende und Ikonographie haben Buddhas Geburt verklärt und schildern sie als das große Wunder vor Göttern und Menschen. Schon als *Bodhisattva*, als Anwärter auf die Buddhaschaft, ist er von Zeichen und Wundern umgeben. In einem alten Text, dem Lalitavistara, erzählt er seinem späteren Lieblingsjünger Ananda:

Wenn aber ein Bodhisattva zum letzten Dasein geboren wird und wenn er zur allerhöchsten Erleuchtung erwacht, dann geschehen durch ihn Wunderzeichen übernatürlicher Macht, wie sie jetzt erschienen:
Alle Wesen erregten sich so, daß sich selbst die Härchen in ihren Poren sträubten. Ein großes Erdbeben erschütterte die Welten, ein schreckliches, angsterregendes. Ohne angeschlagen zu sein, erklangen Musikinstrumente im Himmel und auf Erden. Bäume aller Jahreszeiten und aller Welten trugen Blüten und Früchte. Aus klarem Himmel ertönte der Donner, und bei wolkenloser Luft rieselte ein feiner Regen. Lieblich duftende Winde wehten einher, die Schauer himmlischer Blumen, Kleidungsstücke, Schmucksachen, Wohlgerüche und Sandelpulver mitbrachten und ungemein angenehm zu empfinden waren. Alle Gegenden des Himmels glänzten klar, und es gab nirgendwo Dunkelheit, Nebel oder Rauch. Aus dem oberen Luftraum wurden feierlich erhabene Klänge unsichtbarer Herkunft vernehmbar. Ja, die Strahlen von Mond und Sonne, Schakra, Brahma und die der Welthüter waren dahin, denn ein überirdischer Glanz, der ungemein wohltuend war, bei allen Wesen körperliches und seelisches Glücksempfinden hervorrief und in viel tausend Farben gleichzeitig erschien, erfüllte plötzlich alle Welten. Kaum war der Bodhisattva geboren, da fühlten sich alle Wesen vollkommen wohl. Verschwunden war alle Leidenschaft, Haß, Verblendung, Stolz, Unbehagen, Verzagtheit, Furcht, Habsucht, Ei-

fersucht und Neid. Alle schlechten Handlungen hörten auf. Die Krankheiten aller Leidenden erreichten ein Ende. Der Hungrigen und Durstenden Verlangen wurde gestillt. Die von Branntwein Berauschten wurden nüchtern. Die Irren erhielten ihr Gedächtnis zurück, die Blinden ihre Augen, die Tauben ihr Gehör. Die an einem Glied oder Körperteil Verstümmelten gewannen ihre unversehrten Organe wieder. Die Armen erlangten Reichtum, die in Fesseln Geschlagenen wurden von ihren Banden befreit. Die Quälereien aller Art, die den Verdammten in den Höllen bereitet werden, wurden eingestellt. Das gegenseitige Sichauffressen und die sonstigen Leiden der Tierwelt fanden Ruhe, ebenso wie Hunger, Durst und alle anderen Qualen der Bewohner des Totenreiches.[3]

Maya, die Mutter Buddhas, stirbt bald nach seiner Geburt. Das Kind wird von einer Tante aufgezogen und genießt allen nur erdenklichen Luxus im königlichen Palast, fern vom Elend und Leid der Menschen:

Ich war zart, höchst zart, übermäßig zart. Für mich waren am Wohnort meines Vaters Teiche angelegt, in denen für mich allein blaue, rote und weiße Lotosblumen blühten. Ich benutzte nur Sandelsalbe aus Benares; aus Benaresseide war auch mein Kopftuch, mein Wams, mein Unter- und Obergewand. Tag und Nacht wurde über mir ein weißer Schirm gehalten, damit mich weder Kälte, noch Hitze, noch Staub, noch Schmutz, noch Tau berührte. Ich besaß drei Paläste, einen für die kalte Zeit, einen für die heiße Zeit und einen für die Regenzeit. Ich verbrachte die vier Monate der Regenzeit in dem für die Regenzeit bestimmten Palast und wurde von weiblichen Musikanten aufgewartet.[4]

Die Legende hat das Leben des Prinzen Siddharta farbenprächtig ausgeschmückt. Er sei von vollkommener Schönheit gewesen, bei Wettkämpfen allen anderen Jugendlichen überlegen, in der Diskussion habe er alle anderen besiegt, so heißt es.

Im Alter von sechzehn Jahren heiratet er. Seine Frau *Yasodhara* gebiert ihm einen Sohn, der den Namen *Rahula* erhält und später sein eifrigster Jünger werden sollte.

Siddhartas Leben nimmt in dem Augenblick eine Wandlung, als er das väterliche Schloß verläßt und mit Menschen zusammentrifft, die Leiden an Körper und Seele erfahren haben. Es beginnt die Phase der Ablösung von seinem Elternhaus und zugleich ein Leben jenseits weltlicher Freuden und Leiden. Die Legende hat sich dieses Vorgangs besonders angenommen und ihn in der unnachahmlichen Erzählung von den *Vier Ausfahrten* geschildert.

Der Prinz, so wird dort erzählt, unternimmt eines Tages eine Ausfahrt in die nahe gelegene Stadt. Dort erblickt er einen alten Mann, »krumm und gebeugt wie ein Dachgestühl«. Auf seinen Stock gestützt geht er wankend einher. Siddharta fragt seinen Kutscher: »Was ist das für ein Mensch?« Und er erfährt, daß dies ein alter Mensch sei, der in Kürze sterben werde. Nun fragt Siddharta weiter: »Wagenlenker, bin auch ich dem Gesetz des Alters unterworfen?« Und er erhält die Antwort: »Auch du, o Prinz, bist dem Gesetz des Alters unterworfen.« Da befiehlt Siddharta seinem Kutscher, sofort umzukehren: »So laß für heute die Ausfahrt beendet sein. Wir wollen in den Palast zurückkehren.« Bei der nächsten Ausfahrt begegnen sie einem Kranken, der, blaß und elend, mit abgemagerten Gliedern in seinem Schmutz liegt. Und wieder fragt Siddharta, wer das sei, und er erfährt, daß es sich um einen Kranken handele, der in Kürze sterben werde. Und Siddharta fragt weiter: »Wagenlenker, bin auch ich dem Gesetz des Krankseins unterworfen?« – »Auch du, o Prinz, bist dem Gesetz des Krankseins unterworfen«, so lautet die Antwort. Wieder befiehlt Siddharta seinem Kutscher, umzukehren: »So laß für heute die Ausfahrt beendet sein. Wir wollen in den Palast zurückkehren.« Bei der dritten Ausfahrt treffen sie auf einen Toten, den seine weinenden Angehörigen zur Verbrennungsstätte tragen, und Siddharta erfährt: »Dieser

Mensch, o Prinz, wird nie mehr seine geliebten Eltern sehen, und die Eltern werden ihren geliebten Sohn nie mehr sehen, denn dieser Mensch ist ein Toter.« Und Siddharta fragt: »Wagenlenker, bin auch ich dem Gesetz des Todes unterworfen?« Und er muß erfahren: »Auch du, o Prinz, bist dem Gesetz des Todes unterworfen.« Und wieder läßt Siddharta umkehren. Auf einer vierten Ausfahrt schließlich treffen sie einen Asketen in Mönchskleidung und mit kahl geschorenem Haupt. Der Prinz läßt seinen Wagen an ihn heranfahren und fragt: »Was bist du für ein Mensch? Dein Haupt ist nicht wie das von anderen Menschen, und dein Gewand ist nicht wie das von anderen Menschen.« Da erhält er zur Antwort: »Ich bin ein Hinausgezogener (wörtlich: ein in die Hauslosigkeit Gezogener), o Prinz. Edel ist der rechte Wandel, der friedliche Wandel, edel ist die heilsame Tat, edel ist die tugendhafte Tat, edel ist Gewaltlosigkeit und das Mitleid mit allen Wesen.« Da antwortet Siddharta: »Edel bist du, der Hinausgezogene. Und nun laß uns, Wagenlenker, in den Palast zurückkehren. Auch ich will mir Haupthaare und Bart scheren lassen, die Mönchsgewänder anlegen und aus dem Haus in die Hauslosigkeit ziehen.«

Siddharta reflektiert über die Gesetzmäßigkeit von Werden und Vergehen und kommt zu dem Entschluß, vor dem Leben in Luxus und Wohlbehagen in die Hauslosigkeit und Einsamkeit zu fliehen. Der Vater will zwar seinen Sohn zurückhalten und verspricht ihm, ihm alle Wünsche zu erfüllen, wenn er nur von seiner Idee abließe. Aber der Sohn ist schon mit seiner Idee eins geworden und tritt vor den Vater hin mit den Worten: »Vier Gaben sind es, o König, um die ich dich bitte; wenn du sie mir zu geben vermagst, will ich für immer daheim bleiben und nicht hinausziehen. Ich bitte dich um die Gabe ewiger Jugend ohne Altern; ich bitte dich um die Gabe ewiger Gesundheit ohne Kranksein; ich bitte dich um die Gabe ewigen Lebens ohne Tod, und ich bitte dich um die Gabe ewigen Glücks ohne Leid.« Der Vater erkennt, daß er diese Wünsche nicht erfüllen kann. Er versucht zwar, seinen Sohn in den Palast einzuschließen, aber diesem gelingt mit Hilfe der Götter die Flucht in die »Hauslosigkeit«. Rückblickend erinnert sich der spätere Buddha der Umstände dieser Flucht: »Jung an Jahren habe ich einstmals, in blühender Jugendkraft, als Jüngling mit schwarzem Haar, im ersten Mannesalter mir Haupthaare und Bart scheren lassen, habe die Mönchsgewänder angelegt und bin aus dem Haus in die Hauslosigkeit gezogen, obgleich meine Eltern dies nicht wünschten, obgleich sie Tränen vergossen und weinten.«[5]

Die Legende interpretiert den Mythos. Und der Mythos besagt, daß das ganze bisherige Leben Siddhartas bereits die spätere Verkündigung vom Leiden und seiner Überwindung enthält. Schon als junger Mann, der noch im Hause seines Vaters lebt, offenbart er sich als *Bodhisattva*, als ein zukünftiger Buddha, als »Erleuchtungswesen«, das der Welt Wege zur Überwindung des Leidens zeigen wird.

Buddhas Botschaft – Seine Diagnose und seine Therapie

Zunächst schließt sich Siddharta zwei Yoga-Lehrern an und widmet sich Meditationsübungen, die ihn mit höheren Existenzsphären in Berührung bringen, aber nicht seinem Ziele, die Unsterblichkeit zu erlangen, näherbringen. Auch ein sechsjähriges Asketendasein, während dessen er sich strenges Fasten auferlegt und das Anhalten des Atems übt, was ihn zuweilen bis an den Rand des Todes bringt, geben ihm keine Antwort auf die Frage, woher das Leiden kommt und wie es zu überwinden sei. Alle Kasteiungen und Selbstquälereien helfen ihm nicht. Schließlich verlassen ihn auch die fünf Bettelmönche, die sich ihm zunächst angeschlossen hatten, und er bleibt allein zurück. Er beginnt nun wieder Speisen zu sich zu nehmen, kommt zu Kräften und wandert nach Bodh-Gaya bei Benares (Varanasi) , wo er sich zur Meditation unter einem Feigenbaum, einem ficus religiosa, später bodhi-Baum, »Baum der Erleuchtung« genannt, niederläßt. Dort konzentriert Siddharta seine Gedanken auf die Zusammenhänge von Tod und Widergeburt in der Welt der Erscheinungen. In einer Nacht des Jahres 525 – nach anderen Überlieferungen im Jahre 531 v.Chr. – erlangt er die *Erleuchtung, bodhi,* indem er die vier Stufen der Meditation durchläuft.

Und er erreichte die von Begierden wie von sündigen und schlechten Elementen befreite, aus der richtigen Einsicht geborene, erste Stufe der Meditation und verweilte darauf. Auf dieser Stufe aber gab es noch Überlegung, Erwägung und die Empfindung für Freude und Glück.

Dann unterdrückte er Überlegung und Erwägung und erreichte durch vollkommene innerliche Beruhigung und durch Konzentra-

tion des Geistes auf ein einziges Ziel die aus der Selbstversenkung geborene zweite Stufe der Meditation, auf der es keine Überlegung und Erwägung mehr gibt, auf der man aber noch Freude und Glück empfindet. Darauf verweilte er.
Weiter machte er sich frei von dem Gefühl der Freude und wurde gleichmütig. Die Erinnerung ging ihm auf, und er erwachte zu vollem Bewußtsein. Sein Leib empfand noch allein das Gefühl des Glücks. Das ist es, was die Edlen »gleichmütig«, »erinnerungsvoll«, »im Glücke weilend« nennen. So erreichte er die dritte Stufe der Meditation, die die Empfindung der Freude nicht mehr kennt, und er verweilte darauf.
Schließlich gab er auch das Gefühl für Glück wie für Unglück auf. Die Empfindung für Fröhlichkeit, selbst für einstige, ebenso wie für Trübsinn schwand, und er erreichte die vierte Stufe der Meditation, auf der es Leidlosigkeit und Glücklosigkeit, Gleichmut und Erinnerung nicht gibt, und er verweilte darauf.
So war sein Geist konzentriert, rein, durch und durch geläutert, glanzstrahlend, ohne Flecken, ohne Sündhaftigkeit, sanft, auf sein Ziel eingestellt und nicht mehr davon abzubringen.[6]

Fortan ist er kein Bodhisattva mehr, sondern *der Buddha, der Erleuchtete, der Erwachte,* oder – wie er sich selbst nennt – der *Tathagata,* »der (zur Wahrheit) Gegangene«, oder auch – wie ihn seine Jünger anreden werden – der *Bhagavad,* der »Herr«, der »Gesegnete«, *Gautama und Shakyamuni,* wie seine Adelsprädikate lauten.

Was hatte er in jener Nacht unter dem Baum der Erleuchtung erfahren? Wozu war er erleuchtet worden? Wozu wurde er berufen? – Es sind im wesentlichen *drei Erkenntnisse,* die er in Bodh-Gaya gewinnt und von denen alle späteren Erörterungen über das Wesen der Menschen und den Zustand der Welt sowie über die Erlösung vom Leiden geprägt sind: die Erinnerung an seine früheren Existenzen, das Wissen um Geburt und Tod der lebenden Wesen und die Gewißheit, daß er auf Grund seiner Erleuchtung Unwissenheit und Leidenschaft, die zu immer neuen Wiedergeburten führen müssen, überwunden hatte. Dieses dreifache Wissen »gewährte ihm vollkommene Einsicht in die Wirksamkeit des Bedingten Entstehens und Vergehens, d.h. des allen psycho-physischen Phänomenen zugrundeliegenden Kreislaufs des Lebens«[7]. Mit diesem Erleuchtungswissen tritt der Buddha vor die Öffentlichkeit und stellt – wie ein Arzt – der Welt die »Diagnose«, der er sodann die »Therapie« folgen läßt. In dieser als »*Predigt von Benares*« bekannten Rede weist er nach, wie der Mensch auf Schritt und Tritt sein Leben als Leiden erfährt, wie dieses Leiden alle Sphären des Daseins durchdringt, wie es zu diesem Leiden kommt und wie man sich von ihm befreien kann. Gegenstand seiner Lehre wird nun die Erlösung von den Fesseln des leidvollen Kreislaufs der Wiedergeburten, die Erlösung zum »Nirvana«, das weder Unsterblichkeit noch Ewigkeit ist, sondern die diesseitige Erfahrung von Freiheit bedeutet.

Folgendes nun, ihr Mönche, ist die edle Wahrheit vom Leiden. Geburt (jati) ist Leiden, Alter (jara) ist Leiden, Krankheit (vyadhi) ist Leiden, Sterben (marana) ist Leiden, Vereinigung mit Unliebem ist Leiden, Trennung von Liebem ist Leiden, wenn einer etwas wünscht und es nicht erhält, das ist auch Leiden, die fünf Gruppen des Ergreifens schließlich, die von dem Durst nach Dasein verursacht sind, sind gleichfalls Leiden.
Folgendes nun, ihr Mönche, ist die edle Wahrheit vom Ursprung des Leidens: Der Durst (tanha), der zur Wiedergeburt führt, der mit Gefallen und Begierde verbunden ist und sich an diesem und jenem erfreut, ist der Ursprung des Leidens. Es ist der Durst nach Vergnügen, der Durst nach dem Dasein, der Durst nach Macht.
Folgendes nun, ihr Mönche, ist die edle Wahrheit vom Aufhören des Leidens: Es ist die völlige Vernichtung und das Aufhören des Durstes, das Aufgeben des Durstes, das Verzichten auf den Durst, die Befreiung vom Durst, das Freisein vom Durst.

Und folgendes ist die edle Wahrheit von dem Weg, der zur Aufhebung des Leidens führt: Es ist eben der edle achtfache Weg, nämlich rechte Ansicht, rechtes Denken, rechte Rede, rechtes Handeln, rechtes Leben, rechtes Streben, rechte Wachsamkeit, rechte Sammlung.[8]

Die »Predigt von Benares« ist kurz und knapp formuliert und stellt eine praktische Anweisung dar. Ihre »*Vier Edlen Wahrheiten*« sollen dazu dienen, dem Menschen Anweisungen zu geben, wie er seine leidvolle Existenz überwinden kann. Sie enthalten keine theoretischen Erörterungen über den Sinn oder Un-Sinn der Welt, das Jenseits und die Ewigkeit; mithin beantworten sie keine metaphysischen Fragen, sondern zeigen Fakten auf: Leiden und Sterben gehören zum Dasein, ja, *sind* das Dasein. Den kurzen Augenblicken des Glücks entspricht das Leid, »wobei das Leidensempfinden gewissermaßen das Glücksgefühl einrahmt«[9]. Noch dazu unterliegt das Leben einem ständigen Prozeß von Werden und Vergehen, – auch das ein Zeichen dafür, daß das Leiden stärker ist als die wenigen vergänglichen Augenblicke des Glücks und der Freude. Das Leben *ist* Leiden. Wenn das Leiden aufgehoben ist, wird auch das Leben aufgehoben; denn Leiden ist die Substanz, an der das Leben haftet (tanha) und in der es sich festsetzt.

Die Methode, die der Buddha anwendet, um die Freiheit vom Leiden zu erreichen, ähnelt den altindischen Heilpraktiken und der Yogapraktik: Wie bei der Diagnose einer Krankheit, so muß zunächst das Symptom erkannt werden (1. Satz), dann erfolgt die Anamnese, bei der es um das Auffinden der Ursachen geht (2. und 3. Satz); erst wenn diese bekannt sind, kann die Therapie eingeleitet werden, indem die Ursachen abgebaut und beseitigt werden und damit die Krankheit insgesamt kuriert wird (4. Satz).

Nachdem Gautama Buddha zu diesen Erkenntnissen gekommen ist, teilt er den fünf Mönchen, die ihn begleiten, mit:

»Hört zu! Ich habe die Unsterblichkeit erlangt, ich lehre, ich verkündige die Lehre. Und was ich lehre, das tut! Dann werdet ihr das, um dessentwillen junge Menschen von hoher Geburt ihre Heimat aufgeben und Mönche werden, als das höchste Ziel reinen Wandels erkennen.«

Er selbst aber bekennt von sich: *»Alles habe ich überwunden, alles habe ich erkannt, von allen Dingen bleibe ich unberührt, alles habe ich aufgegeben, durch Vernichtung der Gier bin ich frei geworden; nachdem ich selbst die Erkenntnis erlangt, wessen Anhänger sollte ich mich nennen?*

Keinen Lehrer habe ich, meinesgleichen gibt es nicht; in der Götter- und in der Menschenwelt gibt es keinen, der mir gleich wäre.

Ich bin der Heilige in der Welt, ich bin der unvergleichliche Lehrer. Ich allein bin der vollkommen Erleuchtete, ruhig bin ich geworden, Nirvana habe ich erreicht.

Um das Rad der Lehre ins Rollen zu bringen, gehe ich in die Stadt Benares. In dieser finsteren Welt will ich die Trommel der Unsterblichkeit rühren ...

Ja, Sieger sind die, die wie ich zur Vernichtung der Grundübel gelangt sind: Besiegt habe ich alles Böse; darum bin ich ein Sieger.«[10]

Trotz dieses »Absolutheitsanspruchs« lehnt es der Buddha immer wieder ab, als Gott verehrt zu werden. Er will nur seine Lehre verkündigen, nur Hinweise geben, nur ein »Wegweiser« sein: »Ich bin da als der Unterweiser«, sagt er zu dem Brahmanen Moggallana. »Aber von meinen Jüngern, die so von mir ermahnt, so belehrt werden, erreichen die einen das höchste Ziel, das Nirvana, die anderen erreichen es nicht. Was kann ich dagegen tun? Nur ein Wegweiser, Brahmane, ist der Tathagata ...«[11]

Die Erleuchtung unter dem bodhi-Baum

Auf seiner Wanderschaft durch das Magadhareich und die Gebiete des mittleren Ganges entfaltet Buddha Shakyamuni nun vor seinen inzwischen zahlreichen Jüngern und Jüngerinnen immer wieder die Lehre von den *Vier Edlen Wahrheiten.* Brahmanen und Fürsten suchen ihn auf und erbitten seinen Rat, manche verlassen ihre Familien und ihre Heimat und folgen ihm nach in die Hauslosigkeit.

Dann hören wir, daß der Erhabene noch einmal zum Baum der Erleuchtung zurückkehrt, um in der Versenkung weitere Erläuterungen zu seiner Leidenslehre zu erhalten. Diesmal ist es der *paticcasamuppada,* die *Lehre vom Abhängigen Entstehen* (wörtlich: das voneinander-bedingt-gleichzeitige Entstehen), ein philophischer Erkenntnisweg, der ihn zu den gleichen Ergebnissen führt wie die Vier Edlen Wahrheiten; denn auch dieser erklärt den Kreislauf von Werden, Vergehen und Wiederwerden als leidvoll.

Zu der Zeit weilte der Herr zu Uruvela am Ufer des Flusses Neranjara, am Fuße des Bodhibaumes, nachdem er eben erst die vollkommene Erleuchtung erlangt hatte. Da saß nun der Herr sieben Tage lang am Fuße des bodhi-Baumes immer in derselben Stellung mit untergeschlagenen gekreuzten Beinen, die Wonne der Befreiung genießend. Und da ersann der Herr während der ersten Nachtwache in seinem Geiste die ursächlich bedingte Entstehung [des Leidens] in gerader und umgekehrter Ordnung:
»Wenn dieses ist, wird jenes; durch die Entstehung von diesem entsteht jenes.«
Und dann richtete und wandte der Bodhisattva in der letzten Wache der Nacht, zu der Zeit, als die Morgenröte sich zeigte und die Nacht dem Schlaf am günstigsten war, – um der Entstehung des Leidens

ein Ende zu machen – seinen Geist darauf, übernatürliches Wissen und transzendentes Schauen hervorzubringen und das Hinschwinden aller Anlagen zum Bösen zu bewirken.
Und es kam ihm der Gedanke: Elend, fürwahr, ist es um diese Welt bestellt! Man wird geboren, altert, stirbt, fällt in den Kreislauf des Daseins zurück und wird wiedergeboren. Man kennt kein Entkommen aus dieser großen Sammelstätte des Elends, die ganz und gar Leid ist. O man versteht es nicht, dieser gewaltigen Menge reinen Leidens, das aus Alter, Krankheit und Tod besteht, ein Ende zu bereiten!
Dann aber überlegte der Bodhisattva: Was ist denn die Vorbedingung und die Ursache für Alter und Tod? Und er erkannte: Geburt ist die Vorbedingung und die Ursache für Alter und Tod!
Dann überlegte er weiter: Was ist denn die Vorbedingung und die Ursache für die Geburt? Und er erkannte: Lebenslust der Eltern ist die Vorbedingung und Ursache für die Geburt!
Und was ist die Vorbedingung und Ursache für die Lebenslust? – Streben nach Sinnenbefriedigung ist die Vorbedingung und die Ursache der Lebenslust!
Und was ist die Vorbedingung und die Ursache für das Streben nach Sinnenbefriedigung? – Das Entstehen der Triebe ist die Vorbedingung und die Ursache des Strebens nach Sinnenbefriedigung.
Und was ist die Vorbedingung und die Ursache für das Entstehen der Triebe? – Empfindung von Eindrücken ist die Vorbedingung und die Ursache für das Entstehen der Triebe.
Und was ist die Vorbedingung und die Ursache für die Empfindung von Eindrücken? – Kontakt des Bewußtseins ist die Vorbedingung und die Ursache für die Empfindung von Eindrücken.
Und was ist die Vorbedingung und die Ursache für den Kontakt des Bewußtseins? – Die sechs Sinnesorgane sind die Vorbedingung und die Ursache für den Kontakt des Bewußtseins!
Und was ist die Vorbedingung und die Ursache der sechs Sinnesorgane? – Vorhandensein geistiger und materieller Elemente ist die Vorbedingung und die Ursache für die sechs Sinnesorgane!

Und was ist die Vorbedingung und die Ursache der geistigen und materiellen Elemente? – Das Erwachen eines Bewußtseins ist die Vorbedingung und die Ursache der geistigen und materiellen Elemente!
Und was ist die Vorbedingung und die Ursache für das Erwachen eines Bewußtseins? – Handlungen eines vorhergehenden Lebens sind die Vorbedingung und die Ursache für das Erwachen eines Bewußtseins!
Und was ist die Vorbedingung und die Ursache für Handlungen eines vorhergehenden Lebens? – Das Nichtvorhandensein des rechten Wissens ist die Vorbedingung und die Ursache für Handlungen eines vorhergehenden Lebens.
Und der Bodhisattva bedachte weiter: Auf dem Nichtvorhandensein des rechten Wissens beruhen die Handlungen eines vorhergehenden Lebens.
Auf Handlungen eines vorhergehenden Lebens beruht das Erwachen eines neuen Bewußtseins.
Auf dem Erwachen eines Bewußtseins beruhen die geistigen und materiellen Elemente.
Auf geistigen und materiellen Elementen beruhen die sechs Sinnesorgane. Auf den sechs Sinnesorganen beruht der Kontakt des Bewußtseins. Auf dem Kontakt des Bewußtseins beruht die Empfindung von Eindrücken. Auf der Empfindung von Eindrücken beruht das Entstehen der Triebe. Auf dem Entstehen der Triebe beruht das Streben nach Sinnenbefriedigung. Auf dem Streben nach Sinnenbefriedigung beruht die Lebenslust. Auf der Lebenslust beruht die Geburt. Auf der Geburt beruht Alter, Tod, Kummer, Wehklage, Leid, Trübsinn und Unruhe.
Das ist die Entstehung dieser großen Sammelstätte reinen Leidens, ist ihr Ursprung, fürwahr ihr Ursprung.
So wurde dem Bodhisattva dadurch, daß er sich Beziehungen, von denen man früher nie gehört hatte, von Grund auf und wiederholt vor Augen stellte, die höhere Erkenntnis zuteil. Es ging ihm das Auge auf, es entstand ihm das Wissen, die umfassende Einsicht, die

Weisheit und die Unterscheidung. Helles Licht wurde ihm offenbar.

Und der Bodhisattva überlegte: Unter welcher Vorbedingung gibt es kein Alter und keinen Tod, und wessen Vernichtung bewirkt die Vernichtung des Alters und des Todes?

Da erkannte er: Wenn es keine Geburt gibt, dann gibt es auch Alter und Tod nicht. Die Vernichtung der Geburt bewirkt die Vernichtung von Alter und Tod!

Und weiter überlegte der Bodhisattva: Unter welcher Vorbedingung gibt es keine Geburt, und wessen Vernichtung bewirkt die Vernichtung der Geburt?

Da erkannte er: Wenn es keine Lebenslust gibt, dann gibt es auch keine Geburt. Die Vernichtung der Lebenslust bewirkt die Vernichtung der Geburt!

In dieser Weise durchlief der Bodhisattva die ganze Reihe der zwölf Grundbedingungen, bis er zum Schluß überlegte: Unter welcher Vorbedingung gibt es keine Handlungen eines vorhergehenden Lebens, und wessen Vernichtung bewirkt die Vernichtung der Handlungen eines vorhergehenden Lebens?

Da erkannte er: Wenn es kein Nichtwissen gibt, dann gibt es auch keine Handlungen eines vorhergehenden Lebens. Die Vernichtung des Nichtwissens bewirkt die Vernichtung der Handlungen eines vorhergehenden Lebens!

Und wiederum durchlief er die Reihe in der anderen Richtung: Die Vernichtung der Handlungen eines vorhergehenden Lebens bewirkt die Vernichtung des Bewußtseins usw. bis zu der Erkenntnis: Die Vernichtung der Geburt vernichtet Alter, Tod, Kummer, Wehklage, Leid, Trübsinn und Unruhe, und das eben ist die Vernichtung dieser großen Sammelstätte reinen Leidens!

So wurde dem Bodhisattva dadurch, daß er sich Beziehungen, von denen man früher nie gehört hatte, von Grund auf und wiederholt vor Augen stellte, die Erkenntnis zuteil. Es ging ihm das Auge auf, es entstand ihm das Wissen, die umfassende Einsicht, die Weisheit und die Unterscheidung. Helles Licht wurde ihm offenbar.

Zu der Zeit, o Mönche, erkannte ich in Wahrheit: Dies ist das Leid, dies die Entstehung der Sünde, dies die Vernichtung der Sünde, und dies der zur Vernichtung der Sünde führende Pfad. So erkannte ich in Wahrheit ...
Abgeschnitten ist der Weg! Gelegt hat sich der Staub! Ausgetrocknet fließen die Ströme der Sünde nicht mehr! Und da ich ihm den Weg abgeschnitten habe, ist das Ende des Leidens da![12]
»Wenn dies nicht ist, wird jenes nicht; durch die Aufhebung von diesem wird jenes aufgehoben!«

Nach Meinung vieler Forscher gehört die Kausalreihe zu den bedeutendsten Schöpfungen, die der Buddhismus hervorgebracht hat, aber auch zu den am schwersten verständlichen Lehren des Gautama. Das gesteht auch der Buddha selbst ein, als er seinem Lieblingsjünger Ananda, der die Reihe verstanden zu haben glaubt, antwortet:

Sage dies nicht, Ananda, sage dies nicht. Tief ist dieses Entstehen in Abhängigkeit und tiefscheinend. Weil sie diese Lehre nicht entdekken und nicht durchdringen, gelangen diese Leute, verwirrt wie ein Knäuel, beulenbedeckt, Grashalmen gleich auf den Abweg, den schlechten Weg, zum Absturz und gelangen nicht aus dem Wesenskreislauf heraus.[13]

Auch für uns ist die Lehre vom Abhängigen Entstehen nur schwer verständlich. Wir erkennen aber, daß sie eng mit dem Geburtenkreislauf, dem samsara, diesem ständigen, ruhelosen Wechsel allen Seins, verbunden sein muß. Erlösung vom samsara erfährt der Meditierende nur dadurch, daß er das Leiden erkennt, welches in diesem Kreislauf immer wieder zutage tritt, und – indem er es erkennt – auch überwindet. Das Leiden muß also von seiner Ursache her erkannt werden, und diese Ursache ist der Kausalzusammenhang, der sich im Geburtenkreislauf darstellt, eben die von so vielen negativen Faktoren abhängige

Entstehung: In der Erleuchtung (bodhi) wird das erste Glied der Kette, das Nichtwissen (avijja), dadurch ausgelöscht, daß der Meditierende die Vier Edlen Wahrheiten erkennt und durchschaut. Damit löst sich die ganze verhängnisvolle Kette des Kreislaufs und wird unwirksam. Andernfalls bleibt sie und damit das Verhängnis von Werden und Vergehen und Wiederwerden bestehen.

Nichtwissen bedeutet also Unkenntnis der Vier Wahrheiten vom Leiden (1). Unter »Handlungen eines vorhergehenden Lebens«, auch »Gestaltungen« genannt, hat man die karmischen, an das menschliche Tun gebundenen Aspekte zu verstehen (2). Das Bewußtsein bezieht sich auf das Wissen um die Wiedergeburt (3). Die »geistigen und materiellen Elemente« heißen auch »Name und Form« und sind alte Bezeichnungen für Individualität (4). Mit den sechs Bereichen sind die Sinnesorgane Augen, Ohren, Nase, Zunge, Körperempfindung und Denken gemeint (5). Im Leben des neuen Wesens entsteht die Berührung dieser Sinnesorgane mit der Außenwelt (6), welche ihrerseits mannigfaltige Empfindungen und Eindrücke hervorruft (7). Diese Empfindungen und Eindrücke erwecken den Durst, die sinnliche Leidenschaft (8). Sie führt zum Ergreifen des Daseins und damit wieder in eine neue Verstrickung in den Geburtenkreislauf (9). So kommt es zu einem erneuten Werden in einer weiteren Existenz (10), zu neuer Geburt (11) und damit wieder zu Alter und Tod (12).[14] Über drei Generationen wird hier ein Wesen im Daseinskreislauf verfolgt, wobei jedes Dasein mit anderen Begriffen angedeutet ist: Die ersten beiden Glieder – Unwissenheit und Karmaformationen – gehören zur vergangenen, die acht Glieder – angefangen vom Bewußtsein bis zum Werden – zur gegenwärtigen, und die Geburt, Alter und Tod zur zukünftigen Existenz. Das Entstehen der Attribute der Existenz wird in dieser Reihenfolge, ihre Vernichtung in umgekehrter Reihenfolge erklärt.

Das System der Lehre vom Abhängigen Entstehen läßt sich vereinfacht auf die Phänomene *Leidenschaft, Tat, Ergebnis* reduzieren.[15] Die Leidenschaft besteht aus der Unwissenheit (avijja), dem Durst (tanha, d.h. dem Durst nach Fortexistenz, nach Vernichtung, nach sinnlichem Genuß) und dem Festhalten (upadana) und ist ein Zustand, der aus Verblendung und Begierde zusammengesetzt ist – Fesseln, die nur schwer zu lösen sind. Diese im Menschen wurzelnden Leidenschaften tragen das Gift der Gier (raga), des Hasses (dosa) und der Verblendung (moha) in sich. Die Tat (karma) ist eine Willensanstrengung. Der Mensch erbt sie zwar, aber er führt sie selber aus. »Diese deine schlechte Tat wurde nicht von deiner Mutter oder deinem Vater oder irgend jemandem sonst getan. Du allein hast diese schlechte Tat getan, du allein wirst ihre Frucht ernten«, heißt es einmal in Buddhas Reden (Majjhima-Nikaya 3,181).

Die Reifung und Belohnung der Taten geschieht in den Daseinsgruppen, die im Kreislauf der Geburten wiedergeboren werden. Aber alle Daseinsgruppen sind Leiden, und auch der gesamte Geburtenkreislauf ist Leiden; darum müssen auch alle Ergebnisse der Taten Leiden sein, auch wenn sie Gutes zur Folge haben sollten. Im Grunde nämlich ist jede Tat schädlich, weil sie die Kette der Wiedergeburten nur verlängert. Der einzige Weg, diese Kette zu durchbrechen und die Leiden zu beenden, besteht darin, daß man die Taten neutralisiert, indem man die Leidenschaften ausschließt. Nur so erreicht man das nirvana. Aber nirvana ist nicht nur – wie wir sehen werden – das Ende der leidvollen Wiedergeburten, die Befreiung vom Werden und Wiederwerden, es kann auch höchstes Glück bedeuten, weil nichts mehr bedingt ist, sondern alles unter dem Aspekt völliger Freiheit steht.

Nichts ist beständig – Alles ist im Wandel

Schon an der Lehre vom Abhängigen Entstehen wird deutlich, daß für den Buddhismus das Leben und mit ihm alles Dasein in einem zyklischen Prozeß verläuft. Alles ist im Wandel begriffen; es gibt nichts Bleibendes, nichts Unvergängliches, keine unsterbliche Seele, keinen absoluten und ewigen Kern der Person. Das ununterbrochene Werden und Vergehen und Wiederwerden setzt voraus, daß eine letzte Realität im buddhistischen Denken keinen Platz hat, sondern daß allenfalls Faktoren, dharma, existieren, eine Anhäufung von Bestandteilen, die als tragende Stützen des Weltgeschehens die Wirklichkeit dauernd in Bewegung halten – auch den Menschen und mit ihm alle Lebewesen. Die das individuelle Dasein bestimmenden physischen und spirituellen Phänomene aber sind ohne ein Selbst, relativ, von anderen Phänomenen abhängig, leidvoll und darum vergänglich. Der Buddha erläutert das in einem Gespräch mit seinen Jüngern:

»Wenn das Ichselbst, ihr Mönche, vorhanden wäre, könnt' es dann auch ein ›Mir eigen‹ geben?«
»Ja, o Herr!«
»Wenn das Eigen, ihr Mönche, vorhanden wäre, könnt' es dann auch ein ›Mir selbst‹ geben?«
»Freilich, o Herr!«
»Da nun weder das Ich noch das Eigen, ihr Mönche, wahrhaft und wirklich erlangt werden kann, wie steht's um das Dogma, welches da lehrt: ›Das ist die Welt, das ist die Seele, das werd' ich nach meinem Tode werden, unvergänglich, beharrend, ewig, unwandelbar, ewig gleich, ja, werde ich so verbleiben‹? Ist das nicht, ihr Mönche, eine völlig ausgereifte Narrenlehre?«

»Was wär's denn anderes, o Herr, als eine völlig ausgereifte Narrenlehre!«
»Was meint ihr wohl, Mönche: Ist der Körper unvergänglich oder vergänglich?«
»Vergänglich, o Herr!«
»Was aber vergänglich ist, ist das weh' oder wohl?«
»Weh', o Herr!«
»Was aber vergänglich, wehe, wandelbar ist, kann man etwa davon behaupten: ›Das gehört mir, das bin ich, das ist mein Selbst‹?«
»Gewiß nicht, o Herr!«
»Was meint ihr wohl, Mönche: Ist das Gefühl unvergänglich oder vergänglich?«
»Vergänglich, o Herr!«
»Was aber vergänglich ist, ist das weh' oder wohl?«
»Weh', o Herr!«
»Was aber vergänglich, wehe, wandelbar ist, kann man etwa davon behaupten: ›Das gehört mir, das bin ich, das ist mein Selbst‹?«
»Gewiß nicht, o Herr!«
»Was meint ihr wohl, Mönche: Ist die Wahrnehmung unvergänglich oder vergänglich?«
»Vergänglich, o Herr!«
»Was aber vergänglich, ist das weh' oder wohl?«
»Weh', o Herr!«
»Was aber vergänglich, wehe, wandelbar ist, kann man etwa davon behaupten: ›Das gehört mir, das bin ich, das ist mein Selbst‹?«
»Gewiß nicht, o Herr!«
»Was meint ihr wohl, Mönche: Sind die Unterscheidungen unvergänglich oder vergänglich?«
»Vergänglich, o Herr!«
»Was aber vergänglich, ist das weh' oder wohl?«
»Weh', o Herr!«
»Was aber vergänglich, wehe, wandelbar ist, kann man etwa davon behaupten: ›Das gehört mir, das bin ich, das ist mein Selbst‹?«
»Gewiß nicht, o Herr!«

»Was meint ihr wohl, Mönche: Ist das Bewußtsein unvergänglich oder vergänglich?«
»Vergänglich, o Herr!«
»Was aber vergänglich, ist das weh' oder wohl?«
»Weh', o Herr!«
»Was aber vergänglich, wehe, wandelbar ist, kann man etwa davon behaupten: ›Das gehört mir, das bin ich, das ist mein Selbst‹!«
»Gewiß nicht, o Herr!«
»Darum also: Was es auch an Körperlichem gibt, vergangenes, zukünftiges, gegenwärtiges, eigenes oder fremdes, grobes oder feines, gemeines oder edles, fernes oder nahes: Alles Körperliche ist, der Wahrheit gemäß, mit vollkommener Weisheit also anzusehen: ›Das gehört mir nicht, das bin ich nicht, das ist nicht mein Selbst‹.«[16]

Hier entfaltet der Buddha seine berühmte Lehre, daß alle Dinge (Sanskrit: dharma; Pali: dhamma) ohne ein Selbst, also anatta, sind. Diese Erkenntnis ist eine weitere Voraussetzung für das Verständnis der Grundlagen des Buddhismus. Aber während die Lehre vom Abhängigen Entstehen, der paticcasamuppada, ein synthetisches Modell der Wirklichkeit vorlegt, verfährt die Lehre von der Ich-Losigkeit, dem Nicht-Ich, *analytisch*, indem sie das Dasein in seine letzten Bestandteile zerlegt, die sie schließlich als wesenlose Phänomene entlarvt.

Das beste Beispiel für die Lehre vom Nicht-Ich findet sich im Milindapanha, einer außerkanonischen Schrift aus dem 2. Jh. v.Chr., in welcher der buddhistische Weise *Nagasena* dem Griechenkönig Milinda die wichtigsten philosophischen Fragen zu beantworten sucht. Milinda ist mit dem griechisch-baktrischen König Menandros identisch, welcher in der Zeit von 130 bis 100 v.Chr. über das Indusgebiet, Gujerat und über das obere und mittlere Gangestal herrschte. Er war ein toleranter und milder Herrscher, der zum Buddhismus übergetreten war und im Volke große Verehrung genoß. Über seinen Gesprächspartner, den Mönch Nagasena, wissen wir nichts. Er galt als ein

Mann von scharfem Verstand und höchster Intelligenz. Im Volke herrschte sogar die Meinung, er sei imstande, mit den Göttern zu diskutieren und dabei den Schöpfergott Brahma aus dem Felde zu schlagen.

Milinda sucht seinen Gesprächspartner in der Stadt Sagala auf. Obwohl er weiß, daß er diesem weisen Manne geistig unterlegen ist, will er mit ihm debattieren.

Jetzt näherte sich der König Milinda dem ehrwürdigen Nagasena. Er begrüßte ihn freundlich, und nach dem Austausch freundlicher Worte setzte er sich in gebührender Entfernung ihm zur Seite. Der ehrwürdige Nagasena erwiderte seinen freundlichen Gruß und stimmte dadurch das Herz des Königs zufrieden. Nunmehr sprach der König Milinda zum ehrwürdigen Nagasena also: »Wie heißt du, Ehrwürdiger, und welchen Namen trägst du, Meister?«
»Nagasena heiße ich, o großer König, und mit dem Namen Nagasena, o großer König, reden mich meine Glaubensbrüder an. Doch welchen Namen die Eltern auch immer geben mögen, ob Nagasena oder Surasena, ob Virasena oder Sihasena, so ist dies ›Nagasena‹ nur ein Name (nama), eine Bezeichnung, ein Begriff, ein gebräuchlicher Ausdruck, ein bloßes Wort. Denn eine Person (puggala) ist hierbei nicht vorzufinden.«
Darauf sprach der König Milinda also: »Hört mich an, ihr ehrenwerten fünfhundert Griechen (Yonaka) und ihr unzähligen Mönche! Dieser Nagasena hat gesagt: ›Eine Person ist hierbei nicht vorzufinden.‹ Kann man dem wohl zustimmen?« Und dem ehrwürdigen Nagasena zugewandt, sprach König Milinda dieses: »Wenn, o ehrwürdiger Nagasena, eine Person nicht vorzufinden ist, so sage mir doch, wer euch die notwendigen Dinge wie das Mönchsgewand, die Nahrung, die Lagerstatt, die Heilmittel und die Arzneien gibt? Und wer macht davon Gebrauch? Wer ist es, der die Tugenden einhält? Wer übt die Meditation? Wer verwirklicht den Pfad, dessen Frucht und das Nirvana? Wer ist es, der da tötet? Wer nimmt das Nichtgegebene? Wer bricht die Ehe? Wer lügt? Wer

trinkt Rauschgetränke? Und wer begeht die fünf Verbrechen (diese sind der Vatermord, der Muttermord, der Heiligenmord, die Verwundung eines Buddha und die Verursachung eines Zwistes im Orden der Heiligen), die unmittelbar nach dem Tode zur Hölle führen? Wenn das so ist, dann gibt es wohl weder das Gute noch das Böse, dann gibt es wohl auch niemanden, der gute oder böse Taten begeht oder begehen läßt, dann gibt es wohl auch keinen Lohn und keine Strafe für gute und schlechte Taten. Und wenn dich, ehrwürdiger Nagasena, jemand töten würde, beginge dieser keinen Mord. Auch gäbe es bei euch, ehrwürdiger Nagasena, keinen Lehrer, keinen Ratgeber und keine Mönchsweihe. Wer ist dann aber ›Nagasena‹, über welchen du sagst, ›Nagasena, o großer König, reden mich die Glaubensbrüder an‹? Ist vielleicht das Haupthaar, Ehrwürdiger, der Nagasena?«

»Natürlich nicht, o großer König.«

»Sind vielleicht die Körperhaare der Nagasena?«

»Natürlich nicht, o großer König.«

»Sind vielleicht die Nägel der Nagasena?«

»Natürlich nicht, o großer König.«

»Sind vielleicht die Zähne, das Fleisch, die Sehnen, die Knochen, das Mark, die Nieren, die Leber, das Zwerchfell, die Milz, die Lunge, die größeren Gedärme, die kleineren Gedärme, der Magen, der Kot, die Galle, der Schleim, der Eiter, das Blut, der Schweiß, das Fett, die Tränen, das Serum, der Speichel, der Rotz, das Gelenköl, der Urin oder das im Schädel befindliche Gehirn der Nagasena?«

»Natürlich nicht, o großer König.«

»Dann ist wohl die Gestalt (rupa), Ehrwürdiger, der Nagasena?«

»Natürlich nicht, o großer König.«

»Dann sind wohl die Empfindungen (vedana) der Nagasena?«

»Natürlich nicht, o großer König.«

»Dann ist wohl das Bewußtsein (sanna), Ehrwürdiger, der Nagasena?«

»Natürlich nicht, o großer König.«

»Dann sind wohl die Gestaltungen (samkhara) der Nagasena?«
»Natürlich nicht, o großer König.«
»Dann ist wohl das Erkennen (vinnana), Ehrwürdiger, der Nagasena?«
»Natürlich nicht, o großer König.«
»Sind dann vielleicht, o Ehrwürdiger, die Gestalt, die Empfindungen, das Bewußtsein, die Gestaltungen, das Erkennen (zusammengenommen) der Nagasena?«
»Natürlich nicht, o großer König.«
»Ist dann vielleicht etwas außerhalb von Gestalt, Empfindungen, Bewußtsein, Gestaltungen und Erkennen Befindliches der Nagasena?«
»Natürlich nicht, o großer König.«
»Ich mag also fragen, wonach ich will, Ehrwürdiger, den Nagasena vermag ich nicht zu finden. Oder ist etwa das bloße Wort (sadda) der Nagasena? Wer ist denn nun hier der Nagasena? Eine Unwahrheit sprichst du, Ehrwürdiger, eine Lüge. Es gibt gar keinen Nagasena.«
Darauf sprach der ehrwürdige Nagasena zum König Milinda: »Du bist, o großer König, an fürstlichen Luxus und an außerordentliche Bequemlichkeit gewöhnt. Wenn du, o großer König, zur Mittagszeit auf der erhitzten Erde oder auf erhitztem Sand zu Fuß gehen würdest und auf die spitzen Steine, den scharfen Kies und den Sand trittst, dann werden dir die Füße weh tun, dein Körper wird ermatten, dein Geist wird getrübt, und es werden körperliche Schmerzempfindungen entstehen. Wie ist es nun, bist du zu Fuß oder mit dem Wagen gekommen?«
»Nicht bin ich, o Ehrwürdiger, zu Fuß gekommen. Ich kam mit dem Wagen.«
»Wenn du, o großer König, mit dem Wagen gekommen bist, dann erkläre mir den Wagen! Ist vielleicht, o großer König, die Deichsel der Wagen?«
»Natürlich nicht, Ehrwürdiger.«
»Ist die Achse der Wagen?«

»Natürlich nicht, Ehrwürdiger.«
»Sind die Räder der Wagen?«
»Natürlich nicht, Ehrwürdiger.«
»Ist der Wagenkasten der Wagen?«
»Natürlich nicht, Ehrwürdiger.«
»Ist der Fahnenstock der Wagen?«
»Natürlich nicht, Ehrwürdiger.«
»Ist das Joch der Wagen?«
»Natürlich nicht, Ehrwürdiger.«
»Sind die Zügel der Wagen?«
»Natürlich nicht, Ehrwürdiger.«
»Ist vielleicht der Treibstock der Wagen?«
»Natürlich nicht, Ehrwürdiger.«
»Sind dann vielleicht, o großer König, die Deichsel, die Achse, die Räder, der Wagenkasten, der Fahnenstock, das Joch, die Zügel und der Treibstock (zusammengenommen) der Wagen?«
»Natürlich nicht, Ehrwürdiger.«
»Ist dann vielleicht, o großer König, etwas außerhalb von Deichsel, Achse, Rädern, Wagenkasten, Fahnenstock, Joch, Zügeln und Treibstock Befindliches der Wagen?«
»Natürlich nicht, Ehrwürdiger.«
»Ich mag also fragen, wonach ich will, o großer König, den Wagen vermag ich nicht zu finden. Oder ist das bloße Wort der Wagen? Was ist denn nun hier der Wagen? Eine Unwahrheit sprichst du, o großer König, eine Lüge. Es gibt gar keinen Wagen. Du bist, o großer König, der oberste Herrscher über ganz Indien. Vor wem fürchtest du dich also, daß du die Unwahrheit sprichst? Hört mir zu, ihr fünfhundert Griechen und ihr unzähligen Mönche! Dieser König Milinda sprach also: ›Ich bin mit dem Wagen gekommen.‹ Doch als ich zu ihm sagte: ›Wenn du, o großer König, mit dem Wagen gekommen bist, dann erkläre mir den Wagen!‹, war er nicht in der Lage, den Wagen nachzuweisen. Kann man dem wohl zustimmen?«
Als er so gesprochen hatte, spendeten die fünfhundert Griechen und die unzähligen Mönche dem ehrwürdigen Nagasena Beifall und

sprachen zum König Milinda: »Jetzt sollst du, großer König, sprechen, wenn du es kannst!«

Da sprach König Milinda zu dem ehrwürdigen Nagasena also: »Ich rede nicht die Unwahrheit, ehrwürdiger Nagasena. Denn in Abhängigkeit (paticca) von der Deichsel, in Abhängigkeit von der Achse, von den Rädern, vom Wagenkasten, von dem Treibstock entsteht der Name (nama), die Bezeichnung, der Begriff, der Ausdruck, der Name ›Wagen‹.«

»Ganz richtig hast du, großer König, den Wagen erkannt. Auf die gleiche Weise entsteht in Abhängigkeit von meinem Haupthaar, von meinem Körperhaar, von meinem Gehirn, von meiner Gestalt, von meinen Empfindungen, von meinem Bewußtsein, von meinen Gestaltungen, in Abhängigkeit von meinem Erkennen der Name, die Bezeichnung, der Begriff, der Ausdruck, der Name ›Nagasena‹. Im höchsten Sinne (paramatthato) aber ist hier eine Person nicht aufzufinden. Dieses hat auch, o großer König, die Nonne Vajira in Gegenwart des erhabenen Buddha gesagt:

›Wie man auf Grund der Zusammenfügung der einzelnen Bestandteile (des Wagens) das Wort ›Wagen‹ gebraucht, ebenso nimmt man, wenn die (fünf) Gruppen (khandha) vorhanden sind, ein ›Wesen‹ (satta) an.«

»Wundervoll, ehrwürdiger Nagasena, erstaunlich, ehrwürdiger Nagasena, sind auf vielfältige Weise meine Fragen beantwortet. Wenn der Buddha hier stünde, würde er dir Beifall spenden und sagen: ›Gut, sehr gut, Nagasena, sind auf vielfältige Weise die Fragen beantwortet worden.‹«[17]

Worüber der Buddha keine Auskunft gibt

Mit Recht hat man häufig die Frage gestellt, ob denn der Buddhismus überhaupt eine Religion sei. Der Buddha habe doch im Grunde nur eine Lebenspraxis gelehrt, keine Götterlehre oder Theosophie und erst recht keine Unsterblichkeitslehre. In gewisser Weise ist das richtig: Theologische Fragen, ja, die Götter überhaupt spielen bei ihm so gut wie keine Rolle, jedenfalls sind sie zur Erlösung nicht notwendig. Sie sind sogar – wie alle anderen Wesen auch – dem Gesetz des karma und dem Geburtenkreislauf unterworfen und erfahren »am eigenen Leibe« das Verhängnis des Leidens.

Immer wieder wird Shakyamuni Buddha von seinen Jüngern auf metaphysische Probleme, z.B. auf das Problem der Ewigkeit, angesprochen. Aber er weist die Fragenden oft schroff zurück: Spekulationen über den Ursprung des Daseins und sein Ziel, die Ewigkeit eines Selbst oder über ein Entstehen ohne Ursache gibt es für den Erhabenen nicht:

»Herr«, fragt der Jünger Potthapada, »wenn dieses für mich schwer zu durchschauen ist, weil ich auf einer abweichenden Anschauungsgrundlage stehe ... und in einer abweichenden Lehre heimisch bin, wie steht es dann aber mit der Frage: ›Ist die Welt ewig?‹ Ist nur dies wahr und alles andere falsch?«

»Potthapada, diese Frage habe ich auf sich beruhen lassen.«

»Herr, dann ist wohl die Welt nicht ewig? Ist nur das wahr und alles andere falsch?«

»Potthapada, auch diese Frage habe ich auf sich beruhen lassen.«

»Herr, ist die Welt räumlich endlich? Ist nur das wahr und alles andere falsch?«

»Potthapada, auch diese Frage habe ich auf sich beruhen lassen.«

»Herr, dann ist wohl die Welt räumlich unendlich? Ist nur dies wahr und alles andere falsch?«
»Potthapada, auch diese Frage habe ich auf sich beruhen lassen.«
»Herr, wie steht es mit dieser Frage: ›Ist das Leben und der Leib ein und dasselbe?‹ Ist nur das wahr und alles andere falsch?«
»Potthapada, auch diese Frage habe ich auf sich beruhen lassen.«
»Oder ist, o Herr, das Leben etwas anderes, und ist der Leib etwas anderes? Ist nur das wahr und alles andere falsch?«
»Potthapada, auch diese Frage habe ich auf sich beruhen lassen.«
»Wie denkst du, o Herr, aber über diese Frage: ›Existiert der Tathagata nach dem Tode?‹ Ist nur das wahr und alles andere falsch?«
»Potthapada, auch diese Frage habe ich auf sich beruhen lassen.«
»Dann existiert also, o Herr, der Tathagata nach dem Tode nicht? Ist nur dies wahr und alles andere falsch?«
»Potthapada, auch diese Frage habe ich auf sich beruhen lassen.«
»Oder verhält es sich etwa so, o Herr, daß der Tathagata nach dem Tode weder existiert noch auch nicht existiert? Ist nur dies wahr und alles andere falsch?«
»Potthapada, auch diese Frage habe ich auf sich beruhen lassen.«
»Aber, o Herr, warum hat der Erhabene alle diese Fragen auf sich beruhen lassen?«
»Potthapada, ich habe diese Fragen auf sich beruhen lassen, weil sie alle nichts mit dem zu tun haben, worauf es ankommt. Sie haben nichts mit der Lehre, der Wahrheit, den Tatsachen zu tun und nichts mit den grundlegenden Regeln des heiligen Wandels. Denn sie alle führen nicht zur inneren Abkehr von der Welt der Erscheinungen, sie führen nicht zur Freiheit vom Verlangen, zum Aufhören, zum Frieden, zur Erkenntnis, zur Erleuchtung, zum Nibbana. Aus diesem Grund habe ich sie auf sich beruhen lassen.«
»Was aber, o Herr, hat der Erhabene verkündet?«
»›Dies ist das Leiden‹, ›dies ist der Ursprung des Leidens‹, ›dies ist die Aufhebung des Leidens‹, ›dies ist der Weg, der zur Aufhebung des Leidens führt‹, dieses, o Potthapada, habe ich verkündet.«
»Warum aber, o Herr, hat der Erhabene gerade dieses verkündet?«

»Potthapada, weil es verbunden ist mit dem, worauf es ankommt, mit der Lehre, der Wahrheit, mit den Tatsachen, mit den grundlegenden Regeln des heiligen Wandels. Denn dieses führt zur inneren Abkehr, zur Freiheit vom Verlangen, zum Aufhören, zum Frieden, zur Erkenntnis, zur Erleuchtung, zum Nibbana. Deshalb habe ich es verkündet.«

»Ja, Erhabener, es wird an dem sein, so wird es sein, du Vollender des Weges. Und nun wolle der Erhabene tun, was ihm gefällt.«

Da erhob sich der Erhabene von seinem Sitz und ging vondannen.[18]

Gutes tun und Böses vermeiden

Nur das, was zur Überwindung des Leidens und zur Erlösung erforderlich ist, wollte der Buddha verkündigen und durch sein eigenes Beispiel belegen. Diese Berufung auf die Praxis seiner Lehre, auf den dharma, hat im Buddhismus zu einer ausgeprägten *Ethik* geführt. Zunächst freilich fragt man sich: Ist die Entwicklung einer Ethik unter so »pessimistischen« Voraussetzungen überhaupt denkbar? Oder unter zweckdienlichen Gesichtspunkten gefragt: Ist Ethik überhaupt notwendig, wenn der Buddha und mit ihm jeder ernsthafte Gläubige das Leben als Leiden diagnostizieren und es daher zu überwinden trachten? Kann es Ethik in einem religiösen System geben, in dem es keine Ich-Vorstellung, kein eigentliches Subjekt, keinen Gottesglauben und keine Ewigkeitshoffnung gibt, geschweige denn ein Jüngstes Gericht, vor dem man sich und seine Taten zu verantworten hat? Ja, kann es überhaupt ein Handeln an anderen Wesen geben, und ist Nächstenliebe möglich?

Diese und ähnliche Fragen scheinen dem Erhabenen auch immer wieder vorgelegt worden zu sein; denn in einigen seiner Predigten geht er darauf ein und argumentiert mit seiner radikalen Lehre vom Nicht-Ich. Dabei bemerken wir eine erstaunliche Kühnheit in seiner Interpretation, die eine Wende in seiner »pessimistischen« Welterklärung anzudeuten scheint: Er interpretiert nämlich die Lehre von der Ich-Losigkeit, die anatta-Lehre, als *Selbstlosigkeit* im Sinne eines Altruismus: Indem der Mensch absieht von seinem eigenen Ich und seinen Ich-Dünkel aufgibt, wird er frei für ein Leben ohne Gier, ohne Haß und Verblendung, frei für ein Leben in Güte und Wohltun: »Wer sich da häufig mit der Vorstellung der Ichhaftigkeit im Leidhaften befaßt, dessen Geist ist hinsichtlich dieses mit Bewußtsein behafteten Körpers sowie aller äußeren Objekte frei vom Dünkel des Ich und Mein, ist dem Dünkel entronnen, zur Ruhe gekommen, völlig befreit.«[19]

»Wenn ein Mönch so lebt«, heißt es im Anguttara-Nikaya IV,53, »daß er seinen Sinn auf den Gedanken der Selbstlosigkeit gerichtet hat und das betrachtet, was leidvoll ist, dann wird sein Sinn frei vom Interesse an sich selbst (ahankara), von Besitzwünschen (mamankara) und von der Neigung zum Stolz (mamanusaya), in bezug auf seinen Körper mit seinem Bewußtsein ebenso wie in bezug auf alle Merkmale außerhalb seiner selbst, – dann wird er frei werden vom Hochmut, dann wird er frei sein und in sich ruhen.«

Freilich, das ist bereits ein hohes Ideal, das nur wenige Mönche und noch weniger Laien erreichen: das Ideal des mitleidsvollen, sich aller Wesen erbarmenden *arahat.* In der Vierten Wahrheit vom Leiden wird dazu der Grundstein gelegt. Die Edle Wahrheit von dem Wege, der zum Erlöschen des Leidens führt, besteht in dem Hinweis auf den *Achtfachen Pfad* (attangika-magga): rechte Erkenntnis, rechte Gesinnung, rechte Rede, rechtes Tun, rechter Lebenserwerb, rechte Anstrengung, rechte Achtsamkeit, rechtes Sich-Versenken.

Der Achtfache Pfad läßt sich in drei Bereiche gliedern: Die rechte Erkenntnis und die rechte Gesinnung bilden zusammen das *Wissen* (panna); die rechte Rede, das rechte Tun, der rechte Lebenserwerb bilden zusammen die *Sittlichkeit,* sila; die rechte Anstrengung und Konzentration, die rechte Achtsamkeit und die rechte Weise der inneren Sammlung ergeben zusammen samadhi, die *Versenkung als höchste Stufe der Meditation.*

Der zweite Teil des Leiden überwindenden Weges enthält also die Ethik und ist als Vorstufe für die Versenkung bzw. Erleuchtung von größter Bedeutung. Hier erweist sich nämlich, was »Selbstlosigkeit« eigentlich und praktisch bedeutet: Sie ist nämlich der dharma (Pali: dhamma), *die Lehre des Buddha* schlechthin, die dem Jünger als tragender Grund seines Daseins dienen soll, also der Buddha-Weg. Diese Lehre bzw. dieser Weg ist an alle, Mönche und Nonnen, Laienjünger und Laienjüngerinnen gerichtet.

Ihr Herzstück besteht aus *fünf Geboten* und ist vom Grundsatz des »Nichttun des Bösen« bestimmt:

1. Ich gelobe abzustehen vom Töten.
2. Ich gelobe abzustehen vom Nehmen dessen, was nicht gegeben ist (was mir nicht gehört).
3. Ich gelobe abzustehen von dem unrechten Wandel in Sinnenlüsten.
4. Ich gelobe abzustehen vom Lügen.
5. Ich gelobe abzustehen vom Genuß berauschender Getränke.[20]

Wie die biblischen Gebote, der Dekalog, so sind auch die buddhistischen Gebote im Sinne von Verboten formuliert. Sie sind zunächst Ausdruck der Zugehörigkeit zur Mönchsgemeinde, zum *sangha*, und bilden eine Art Selbstverpflichtung, der sich die Ordensangehörigen unterwerfen. Im weiteren Sinne gelten sie aber auch den Laienjüngern und Laienjüngerinnen. Denn die Gebote werden insgesamt als ein *Bekenntnis zum Buddha* aufgefaßt und sind darum für alle Buddhisten verpflichtend: Das Nichttun des Bösen ist die Frucht der guten Lehre des Erhabenen, die Vermeidung des Bösen hat das Tun des Guten zur Folge und ist ein Beweis für die Vollkommenheit, die Shakyamuni als erster erlangt hat. Die Gebote rufen in den Jüngern die rechte Erkenntnis und die rechte Gesinnung hervor. Sie sind aus der Einsicht erwachsen, daß diese Welt leidvoll ist und die Gebote zur Behebung des Leidens beitragen können.

Die ersten beiden Gebote befassen sich mit der Sicherung allen Lebens und des Eigentums. Das erste Gebot verbietet das geplante Töten der Wesen bis hinunter zu den geringsten Insekten; es verbietet überhaupt, den Wesen Leid zuzufügen. Es enthält im Grund die bekannte *ahimsa-Lehre*, die indische Lehre von der Gewaltlosigkeit. Der Buddhist verabscheut die Tieropfer der Brahmanen, er lehnt den Fischfang und die Jagd ab und hütet sich davor, in der Regenzeit grüne Wiesen zu betreten, um nicht das dort vorhandene Leben zu gefährden[21]. Das Verbot der Tiertötung ließ viele Buddhisten zu Vegetariern werden. In gewisser Weise haben wir es hier mit einem frühgeschichtlichen Umweltschutz zu tun.

Das *zweite Gebot* umfaßt alle Arten des Diebstahls und des Raubes, aber auch die Übertretung der Rechte anderer Menschen, die Verschwendung der Zeit, die Verletzung der öffentlichen und privaten Pflichten, die Verantwortungslosigkeit, die Verschwendung von öffentlichem Eigentum usw. Demgegenüber sollen die Buddha-Jünger nur das nehmen, was man ihnen in die Bettelschalen legt.

Das *dritte Gebot* hat es im weitesten Sinne mit dem Verhältnis der Jünger zu den Frauen zu tun. Der Buddha lehrte Keuschheit und ordnete an, daß sich seine Jünger gegenüber den Frauen so verhalten sollten, als wären diese ihre Mütter, ihre Schwestern oder ihre Töchter.

Das *vierte Gebot* verbietet die Lüge, die Unwahrheit im privaten wie im öffentlichen Bereich. Es fordert von den Jüngern und Jüngerinnen die Wahrheit in Gedanken, Worten und Werken. Wahrheit ist schließlich auch das Ziel des Achtfachen Pfads.

Das *fünfte Gebot* befaßt sich mit der Enthaltung von Rauschmitteln und Drogen, welche die Sinne betäuben, darunter auch solche, die zu religiösen und meditativen Zwecken eingenommen werden, wie es hier und da in hinduistischen Kreisen vorkommt. Rauschmittel und Drogen machen die Menschen träge und müde; sie sind die Quellen von Krankheiten und schwächen die Einsicht, wie es im Digha-Nikaya 31 heißt. Der Buddha aber fordert von den Seinen ständige Wachsamkeit und Aufmerksamkeit.

Diese fünf Gebote werden *siladhana*, der »Schatz der Tugenden«, genannt. Ihre Erfüllung wird als große Verheißung beschrieben: »Fünffach, o Hausväter, ist der Gewinn dessen, der

Gutes tut durch seine Redlichkeit«, heißt es im Mahaparinibbana-Sutta (I,24): »Derjenige, der Gutes tut, erfährt großen Reichtum, zweitens wird überall von ihm Gutes gesagt, drittens kann er überall zuversichtlich und stark auftreten, viertens kann er ohne Angst (nämlich vor einer niederen Wiederverkörperung) sterben, und schließlich darf er mit einer hohen und glücklichen Wiedergeburt rechnen.«[22]

Diese fünf Grundgesetze werden schon bald auf die heilige Zahl 8 (attha-sila) erweitert und für Mönche und Nonnen besonders streng formuliert:

1. *Zeitlebens meiden die Heiligen das Töten lebender Wesen, halten sich von Verletzung der Lebewesen fern. Ohne Stock, ohne Waffe, voll Zartgefühl und Liebe sind sie auf das Wohl aller Wesen und Geschöpfe bedacht. Und auch ich meide heute, diesen Tag und diese Nacht, das Töten, halte mich von Verletzung der Lebewesen fern. Ohne Stock, ohne Waffe, voll Zartgefühl und Liebe bin ich auf das Wohl aller Wesen und Geschöpfe bedacht. In dieser Eigenschaft folge ich den Heiligen nach, und den Fasttag werde ich befolgt haben. Mit diesem ersten Kennzeichen ist er ausgestattet.*
2. *Zeitlebens meiden die Heiligen das Stehlen, halten sich vom Nehmen des Nichtgegebenen fern. Das Gegebene abwartend, nicht diebisch gesinnt, verweilen sie lauteren Herzens. Und auch ich meide heute, diesen Tag und diese Nacht, das Stehlen, halte mich vom Nehmen des Nichtgegebenen fern. Das Gegebene abwartend, nicht diebisch gesinnt, verweile ich lauteren Herzens …*
3. *Zeitlebens meiden die Heiligen den unkeuschen Wandel. Keusch und abseits lebend, halten sie sich fern von der Begattung, der gemeinen. Und auch ich meide heute, diesen Tag und diese Nacht, den unkeuschen Wandel …*
4. *Zeitlebens meiden die Heiligen das Lügen, halten sich fern von unwahren Worten. Die Wahrheit sprechen sie, der Wahrheit sind*

sie verbunden, standhaft, vertrauenswürdig, keine Betrüger der Welt. Und auch ich meide heute, diesen Tag und diese Nacht, die Lüge, halte mich fern von unwahren Worten ...

5. *Zeitlebens meiden die Heiligen den Genuß berauschender Getränke, wie Wein und Branntwein, halten sich fern vom Genuß berauschender Getränke. Und auch ich meide heute, diesen Tag und diese Nacht, den Genuß berauschender Getränke, wie Wein und Branntwein, halte mich fern vom Genuß berauschender Getränke ...*
6. *Zeitlebens nehmen die Heiligen nur zu einer Tageszeit (des Morgens) Speise zu sich, bleiben des Nachts nüchtern, enthalten sich des Essens am Abend. Und auch ich nehme heute, diesen Tag und diese Nacht, nur zu einer Tageszeit Speise zu mir ...*
7. *Zeitlebens meiden die Heiligen Tanz, Gesang und Musik sowie das Anschauen von Schaustellungen, den Gebrauch von Blumenschmuck, Riechstoffen, Schminke, Schmuck und Schönheitsmitteln. Und auch ich meide heute, diesen Tag und diese Nacht, Tanz, Gesang und Musik, sowie das Anschauen von Schaustellungen, den Gebrauch von Blumenschmuck, Riechstoffen, Schminke, Schmuck und Schönheitsmitteln ...*
8. *Zeitlebens meiden die Heiligen hohe und üppige Betten, halten sich von hohen und üppigen Lagerstätten fern. Eines niedrigen Lagers bedienen sie sich, sei es Bett oder Strohlager. Und auch ich meide heute, diesen Tag und diese Nacht, hohe und üppige Betten, halte mich von hohen und üppigen Lagerstätten fern. Eines niedrigen Lagers bediene ich mich, sei es Bett oder Strohlager. Auch in dieser Eigenschaft folge ich den Heiligen nach, und den Fasttag werde ich befolgt haben. Mit diesem achten Kennzeichen ist der Fastentag ausgestattet.*[23]

Mit einer solchen asketischen Lehre, einer solchen Weisung ausgestattet soll der buddhistische Gläubige unbeirrt seinen Weg gehen. Übermenschlich sind die hier gestellten Forderungen. Aber der dharma schützt gegen alle Gefahren der Übertretung, ja, der dharma ersetzt sogar den Buddha, wenn dieser aus dem Leben geschieden ist. Wie im Neuen Testament, so tritt auch im Pali-Kanon das Evangelium an die Stelle des Meisters und wird zur Quelle der Erleuchtung: »Da sprach der Herr zum ehrwürdigen Ananda: ›Es könnte sein, Ananda, daß euch einmal (d.h. wenn ich sterbe) der Gedanke käme: Das Wort hat seinen Lehrer verloren (eigentlich: ›Wir können uns für das Wort nicht mehr auf einen Lehrer berufen‹), wir haben keinen Lehrer mehr. – So, Ananda, sollt ihr es nicht ansehen. Die Lehre und die Ordnung, Ananda, die euch von mir gepredigt und verkündet worden ist, die soll nach meinem Weggang euer Lehrer sein.‹«[24]

Im sogenannten »Floßgleichnis« wird selbst die Lehre überflüssig, wenn der Jünger sie so verinnerlicht hat, daß er mit ihr eins geworden ist. Dann braucht er weder den Buddha noch den dharma, um den Leiden der Welt und dem Leiden an sich selbst zu entfliehen:

»Als Floß, ihr Mönche, will ich euch die Lehre weisen, zum Entrinnen tauglich, nicht zum Festhalten. Das höret und achtet wohl auf meine Rede.«
»Ja, o Herr!« antworteten da jene Mönche dem Erhabenen aufmerksam. Der Erhabene sprach also:
»Gleichwie, ihr Mönche, wenn ein Mann, auf der Reise, an ein ungeheueres Wasser käme, das diesseitige Ufer voller Gefahren und Schrecken, das jenseitige Ufer sicher, frei von Schrecken, und es wäre kein Schiff da zur Überfuhr, keine Brücke diesseits um das jenseitige Ufer zu erreichen. Da würde dieser Mann denken: ›Das ist ja ein ungeheueres Wasser, das diesseitige Ufer voller Gefahren und Schrecken, das jenseitige Ufer sicher, frei von Schrecken, und kein Schiff ist da zur Überfuhr, keine Brücke diesseits um jenseits hinüberzugelangen. Wie, wenn ich nun Röhricht und Stämme, Reisig und Blätter sammelte, ein Floß zusammenfügte und mittels dieses Floßes, mit Händen und Füßen arbeitend, heil zum jenseiti-

gen Ufer hinübersetzte?!‹ Und der Mann, ihr Mönche, sammelte nun Röhricht und Stämme, Reisig und Blätter, fügte ein Floß zusammen und setzte mittels dieses Floßes, mit Händen und Füßen arbeitend, heil ans jenseitige Ufer hinüber. Und, gerettet, hinübergelangt, würde er also denken: ›Hochteuer ist mir wahrlich dieses Floß, mittels dieses Floßes bin ich, mit Händen und Füßen arbeitend, heil ans jenseitige Ufer gelangt. Wie, wenn ich nun dieses Floß auf den Kopf heben oder auf die Schultern laden würde und hinginge, wohin ich will?‹ Was haltet ihr davon, Mönche? Würde wohl dieser Mann durch solches Tun das Floß richtig behandeln?«

»Gewiß nicht, o Herr!«

»Was hätte also, ihr Mönche, der Mann zu tun, damit er das Floß richtig behandelte? Da würde, ihr Mönche, dieser Mann, gerettet, hinübergelangt, also erwägen: ›Hochteuer ist mir wahrlich dieses Floß, mittels dieses Floßes bin ich, mit Händen und Füßen arbeitend, heil an das jenseitige Ufer hinübergelangt. Wie, wenn ich nun dieses Floß ans Ufer legte oder in die Flut senkte und hinginge, wohin ich will?‹ Durch solches Tun, wahrlich, ihr Mönche, würde dieser Mann das Floß richtig behandeln. Ebenso nun auch, ihr Mönche, habe ich die Lehre als Floß dargestellt, zum Entrinnen tauglich, nicht zum Festhalten …

Die ihr das Gleichnis vom Floße, ihr Mönche, verstehet,
Ihr habt auch das Rechte zu lassen, geschweige das Unrecht.«[25]

Eine Lehre für Mönche und Nonnen, die auch für Laien gilt

Zunächst hatte Buddha Shakyamuni nur eine Schar von Mönchen um sich gesammelt, denen er seine Heilslehre verkündigte. Ihre Zahl nahm jedoch während seiner Wanderungen stetig zu, so daß schließlich eine Gemeinde, der sangha, von zwölfhundertundfünfzig Mönchen entstand, für die eine asketische Ordnung geschaffen werden mußte. Später wurden auch Nonnenorden gegründet. Fünf Jahre nach seiner Erleuchtung nämlich kam Buddhas Tante Maha-Prajapati mit fünfhundert Shakya-Frauen zu dem Erhabenen und bat um die Erlaubnis, auch Frauenklöster gründen zu dürfen. Dreimal lehnte der Buddha ab, aber die Frauen blieben standhaft. Als gar der Lieblingsjünger Ananda für die Frauen eintrat, konnte der Erhabene seine Zustimmung nicht mehr verweigern, und die Frauen wurden ordiniert.

Bei der Aufnahme in den sangha gleichen sich die Riten für Männer und Frauen: Mit der Bettelschale und drei orangegelben Gewändern versehen bitten die Novizen, in den Orden aufgenommen zu werden. Der vorsitzende Mönch stellt sie dem Ordenskapitel vor und ersucht es um Zustimmung bzw. Widerspruch. Vorauszugehen hat jeweils ein strenges Noviziat, währenddessen die angehenden Mönche und Nonnen die Gebote einhalten und die Lehre verstanden und verinnerlicht haben müssen. Die Aufnahmeregeln sind genau festgelegt und deuten bereits das zukünftige strenge asketische Leben an: Die Unterkunft ist einfach und bescheiden, die Speisen müssen bei den Laienanhängern erbettelt werden, die Gebote sind streng einzuhalten, die Meditation nimmt einen großen Raum im Tagesablauf ein und kreist um die Überwindung des Leidens und um das Mitleiden mit allen Kreaturen[26].

Im Zentrum des Aufnahmevorgangs steht die Bekenntnisformel, »die dreifache Zuflucht«:

Zum Buddha nehme ich meine Zuflucht.
Zur Lehre nehme ich meine Zuflucht.
Zur Mönchs-/Nonnengemeinde nehme ich meine Zuflucht.
Auch zum zweiten Male nehme ich zum Buddha meine Zuflucht.
Auch zum zweiten Male nehme ich zur Lehre meine Zuflucht.
Auch zum zweiten Male nehme ich zur Mönchs-/Nonnengemeinde meine Zuflucht.
Auch zum dritten Male nehme ich zum Buddha meine Zuflucht.
Auch zum dritten Male nehme ich zur Lehre meine Zuflucht.
Auch zum dritten Male nehme ich zur Mönchs-/Nonnengemeinde meine Zuflucht.

Im Dhammapada (188-192), dem »Pfad der Lehre«, der die Logien des Erhabenen enthält, heißt es dazu:

Gar manche Zuflucht suchen die Menschen, von Furcht gejagt, bei Bergen und Wäldern, bei Hainen und heiligen Bäumen.
Wahrlich, dies ist keine sichere Zuflucht, dies ist nicht die beste Zuflucht; wenn man an diese Zufluchtsstätte sich begibt, wird man nicht von allem Leid befreit.
Wer aber zum Buddha, zur Lehre und zur Gemeinde seine Zuflucht nimmt und die vier edlen Wahrheiten vollkommen erkannt und begriffen hat, nämlich das Leiden, die Entstehung des Leidens, des Leidens Überwindung und den edlen achtteiligen Pfad, der zum Ende des Leidens führt; – wahrlich, dies ist eine sichere Zuflucht, dies ist die beste Zuflucht, wenn man an diese Zufluchtsstätte sich begibt, wird man von allem Leid befreit.[27]

Die Zufluchtsformel und das Bekenntnis zum Buddha haben auch für Laien Gültigkeit, denn seit alters begeben sich die gläubigen Buddhisten an Vollmond- und Neumondtagen in das nächstgelegene Kloster, um für einige Tage in das asketische Leben der Mönche und Nonnen einzutauchen. In einigen Ländern Südostasiens ist es sogar üblich, daß junge Männer eine bestimmte Zeit mit den Mönchen verbringen und im Kloster ihre Initiation erleben. Insofern gibt es eigentlich keinen »doppelten Glauben« und keine Einteilung in Erleuchtete und Laien, die noch nicht erleuchtet sind. Der Unterschied liegt nur darin, daß die Mönche und Nonnen unverheiratet sind und in klösterlicher Abgeschiedenheit leben, während die Laienjünger (upasaka) und Laienjüngerinnen (upasika) außerhalb des Klosters ein ziviles Leben mit allen Berufspflichten führen. Natürlich genießen Mönche und Nonnen im Volk ein höheres Ansehen als die Laien, weil sie häufig als arahats (Heilige) gelten. Einmal aber wird auch für die Laiengläubigen der Geburtenkreislauf einen Punkt erreicht haben, an dem sie ihre Erleuchtung und damit ihre Befreiung von Leid und Tod, ihr diesseitiges nirvana, erfahren; denn dann erst hat die »ewige Wiederkehr« ein Ende.

Die Liebe als ethischer Impuls

Da die buddhistische Ethik auf Selbstlosigkeit beruht, ist das Tun des Guten nur möglich, wenn man seinen Haß, seine Begierde, seinen Egoismus aufgibt und sie losläßt wie alte Gewänder, die unbrauchbar geworden sind. So heißt es im Majjhima-Nikaya 9:

»Was ist aber, ihr Freunde, das Böse?« fragt der Jünger Sariputta. »Was ist die Wurzel des Bösen? Was ist das Gute? Was ist die Wurzel des Guten?
Tötung lebender Wesen, ihr Freunde, ist Böses, Nehmen von Nichtgegebenem ist Böses, den Lüsten frönen ist Böses, Lügen ist Böses, Verleumden ist Böses, unfreundliche Rede ist Böses, eitles Geschwätz ist Böses, Begehrlichkeit ist Böses, Gehässigkeit ist Böses, falsche Anschauung ist Böses. Das ist es, ihr Freunde, was man das Böse nennt.
Und was, ihr Freunde, ist die Wurzel des Bösen? Begierde ist die Wurzel des Bösen, Haß ist die Wurzel des Bösen, Verblendung ist die Wurzel des Bösen. Das ist es, ihr Freunde, was man die Wurzel des Bösen nennt.
Und was, ihr Freunde, ist das Gute? Enthaltung vom Töten lebender Wesen ist Gutes, Enthaltung vom Nehmen des Nichtgegebenen ist Gutes, den Lüsten nicht frönen ist Gutes, Enthaltung vom Lügen ist Gutes, Enthaltung vom Verleumden ist Gutes, Enthaltung von unfreundlicher Rede ist Gutes, Nichtbegehrlichkeit ist Gutes, Nichtgehässigkeit ist Gutes, richtige Anschauung ist Gutes. Das ist es, ihr Freunde, was man das Gute nennt.
Und was, ihr Freunde, ist die Wurzel des Guten? Das Fehlen der Begierde ist die Wurzel des Guten, das Fehlen des Hasses ist die Wurzel des Guten, das Fehlen der Verblendung ist die Wurzel des

Guten. Das ist es, ihr Freunde, was man die Wurzel des Guten nennt.«[28]

Der eigentliche Impuls zum selbstlosen Handeln aber kommt aus der Liebe oder Allgüte, *metta*. Ananda hat uns eine Predigt seines Herrn überliefert:

Folgendes – so habe ich gehört – wurde von dem Herrn gesprochen, von dem Heiligen gesprochen:
»Alle als Grundlage für eine neue Wiedergeburt dienenden Handlungen, durch die man Verdienst erwirbt, ihr Mönche, sie alle sind nicht wert den sechzehnten Teil der Liebe (metta), die den Geist befreit; sondern die Liebe strahlt, glänzt und leuchtet, indem sie als Geistesbefreiung jene übertrifft. Gleichwie, ihr Mönche, alle Lichter der Sterne nicht den sechzehnten Teil des Mondlichtes wert sind, sondern das Mondlicht, sie alle übertreffend, strahlt, glänzt und leuchtet, – gerade so, ihr Mönche, sind alle als Grundlage für eine neue Wiedergeburt dienenden Handlungen, durch die man Verdienst erwirbt, nicht wert den sechzehnten Teil der Liebe, die den Geist befreit; sondern die Liebe strahlt, glänzt und leuchtet, indem sie als Geistesbefreiung jene übertrifft. Gleichwie, ihr Mönche, wenn im letzten Monat der Regenzeit, im Herbst der Himmel klar und wolkenlos ist, die Sonne sich über den Himmel erhebt und alles den Luftraum erfüllende Dunkel hinwegscheuchend strahlt, glänzt und leuchtet, – gerade so, ihr Mönche, sind alle als Grundlage für eine neue Wiedergeburt dienenden Handlungen nicht wert (...), sondern die Liebe (...) übertrifft sie alle. Und gleichwie, ihr Mönche, in der Morgenfrühe, wenn die Nacht vorüber ist, der Morgenstern strahlt, glänzt und leuchtet, – gerade so, ihr Mönche, sind alle als Grundlage für eine neue Wiedergeburt dienenden Handlungen nicht wert (...), sondern die Liebe (...) übertrifft sie alle.«
Dies hat der Herr gesprochen und mit Bezug hierauf heißt es auch:

»Wer bedachtsam unendliche Liebe empfindet, bei dem werden, indem er die Vernichtung der Grundlagen (für ein neues Dasein) erschaut, die Fesseln dünn.
Wenn einer auch nur gegen ein Lebewesen arglosen Herzens Liebe zeigt, so gereicht ihm das zum Heil; der Edle aber, der für alle Lebewesen im Herzen Erbarmen hegt, schafft sich reichliches Verdienst.« (...)
»Wer nicht tötet und nicht töten läßt, nicht unterdrückt und nicht unterdrücken läßt, wer Liebe zu allen Wesen hegt, – dem droht von keiner Seite Feindschaft.«
Auch dies – so habe ich gehört – wurde von dem Herrn gesprochen.[29]

Ganz zu Unrecht hat man behauptet, im Buddhismus spiele die Ethik nur eine untergeordnete Rolle gegenüber der Versenkung und Meditation, samadhi. Überall läßt sich beobachten, daß die Gebote eine Möglichkeit bieten, auf Grund der Leidenserfahrung und -erkenntnis bestimmte Einsichten zu vermitteln und durch diese Einsichten auf das Leben und die Welt verändernd zu wirken. Schon das Einsichtigwerden und das Einsichtigmachen setzen einen wichtigen geistigen Prozeß voraus, der von dem Ziel der buddhistischen Versenkung, bodhi, der Erleuchtung, überhaupt nicht zu trennen ist. So wird die Ethik im Buddhismus zu einem integrierenden Bestandteil der Meditation und die Meditation zu einem integrierenden Bestandteil der Ethik. Beide bedingen einander und ergänzen sich.

Am Beispiel der »*Vier Unermeßlichkeiten*« oder »*Vier Grenzenlosigkeiten*« (appamanna) läßt sich diese Einheit von sittlichem Handeln und meditativer Erkenntnis besonders verdeutlichen. Hier begegnen wir den »Graden der Heiligkeit auf Erden«[30].

»Vier Unermeßlichkeiten gibt es, ihr Brüder«, heißt es Digha-Nikaya 33: »Da, ihr Brüder, durchdringt der Mönch mit einem von der Allgüte (metta) erfüllten Geiste erst eine Himmelsrichtung,

darauf ebenso die zweite, die dritte und die vierte; und sich selber in allem wiedererkennend (sabbattataya) durchdringt er nach oben, unten, überall die ganze Welt in einem von Allgüte erfüllten Geiste, einem weiten, entfalteten, unbeschränkten, frei von Groll und Übelwollen. Er durchdringt mit einem von Mitleid (karuna) erfüllten Geiste ..., von Mitfreude (mudita) erfüllten Geiste ..., von Gleichmut (upekkha) erfüllten Geiste erst eine Himmelsrichtung, darauf ebenso die zweite, die dritte und die vierte; und sich selber in allem wiedererkennend durchdringt er nach oben, unten, überall die ganze Welt mit einem von Mitleid ... Mitfreude ... Gleichmut erfüllten Geiste ...«[31]

Der Meditierende hat nun die Aufgabe, die vier Tugenden, *metta*, die Allgüte, *karuna*, das Mitleid mit den Wesen, *mudita*, die Mitfreude mit den Wesen, und *upekkha*, den Gleichmut und die Gelassenheit gegenüber dem Dasein, in sich zu entfalten und sie auf alle Wesen in der Welt zu übertragen und also zu erkennen:

»Die allumfassende Güte, ihr Mönche, soll man entfalten, ob Mann oder Weib ... Das Mitleid ... die Mitfreude, den Gleichmut, ihr Mönche, soll man entfalten, ob Mann oder Weib. Nicht vermag ein Mann oder Weib beim Verscheiden diesen Körper mitsichzunehmen; der Sterbliche hat den Geist als das Vermittelnde. Er aber weiß: Was immer ich da früher mit diesem stofflichen Körper an bösen Taten verübt habe, das alles wird sich hier noch auswirken und nichts davon wird nachfolgen (d.h. durch metta etc. wird das Produkt des karma abgeschnitten). Auf diese Weise entfaltet führt die geisterlösende All-Güte, ... das geisterlösende Mitleid, ... die geisterlösende Mitfreude, ... der geisterlösende Gleichmut zur Nichtwiederkehr ...«[32]

Von den Tugenden metta, karuna, mudita und upekkha ist metta »die allumfassende Güte«, die grenzenlose Liebe, die als »die größte unter ihnen« mit Recht immer wieder mit der Liebe verglichen worden ist, die Paulus im 1. Korintherbrief, Kapitel 13, preist.

Viele Aussprüche des Buddha handeln davon:

Haß wird nicht durch Haß beseitigt; Haß hört nur auf durch Liebe; das ist ein »ewiges Gesetz«.
Besiege den Zornigen durch Liebe!
Laßt uns nicht diejenigen hassen, die uns hassen! Unter den Menschen, die da hassen, laßt uns frei von Haß leben!
(Dhammapada 5.223.197)

Der Buddha lehrte, daß man metta erlernen könne. Allerdings muß man zunächst bei sich selber anfangen, dann die Liebesbeziehung seinem Lehrer entgegenbringen, danach seinem Freunde, dann auf einen Gleichgültigen übertragen, und erst wenn man sich in diesen »Beziehungen« bewährt hat, sollte man auch seinen Feind in seine Liebe einbeziehen. Wenn jedoch die Liebesbeziehung von einem plötzlich aufsteigenden Haß gestört wird, muß man mit dieser Übung wieder von vorn anfangen. Denn metta ist erst dann vollkommen, wenn der Haß im Herzen besiegt und der Liebende in der Lage ist, auch seinen ärgsten Feind, der es von sich aus nie vermag, den ersten Schritt zu tun, in die allumfassende Liebe einzuschließen. Durch nichts darf sich die Liebe erschüttern lassen. Selbst wenn Räuber oder Mörder einem Buddhajünger Glied um Glied absägen würden,

»so würde derjenige, der dabei den Geist in Wut geraten ließe, meine Weisung nicht erfüllen ... Kein übles Wort wollen wir ausstoßen, freundlich und mitleidig wollen wir bleiben, gütig im Herzen, nicht voll inneren Grolles, und jenen Menschen wollen wir mit einem von liebender Güte erfüllten Geiste durchstrahlen; und von ihm ausgehend wollen wir dann die ganze Welt mit einem von liebender Güte erfüllten Geist durchstrahlen ...«
(Kakacupamasutta, Majjhima-Nikaya 21)

Durch die Entfaltung der allumfassenden Güte und Liebe wird auch die *ahimsa,* die *Lehre von der Gewaltlosigkeit gegenüber den Wesen,* erfüllt und der Friede auf Erden verwirklicht. Nur durch metta gibt es Erlösung, wie wir soeben in Buddhas Predigt hörten.

Das Sutta-Nipata (Verse 143-152) faßt schließlich alle Prädikate der Liebe im metta-Sutta, dem »Hohen Lied der Liebe« des Buddhismus, in den Worten zusammen:

»Was der Kluge tun muß, wenn er jene Stätte der Ruhe völlig begriffen hat, (das will ich euch sagen;) – Tüchtig sei er, gerade und aufrichtig, mild im Reden, sanft und nicht hochfahrend; –
zufrieden und anspruchslos, sorglos und bedürfnislos, mit ruhigen Sinnen und weise, ohne Hochmut und nicht gierig (beim Bettelgang) in den Familien.
Und er tue nichts Gemeines, um dessen willen ihn andere, Verständige, tadeln könnten. In Glück und Frieden mögen alle Wesen leben, beglückten Herzens seien sie!
Was immer es für Lebewesen gibt, alle ohne Ausnahme, seien es bewegliche (= Lebewesen) oder unbewegliche (= Pflanzen), seien sie lang oder groß oder mittelgroß oder kurz, fein oder grob, –
seien sie sichtbar oder unsichtbar, seien sie fern oder nah, schon geboren oder erst nach Geburt strebend – alle Wesen seien beglückten Herzens!
Keiner hintergehe den anderen, keiner überhebe sich in irgendeiner Weise gegenüber dem anderen; keiner suche aus Zorn oder Haßgefühl dem anderen Leid anzutun.
Wie eine Mutter ihr eigen Kind, ihren einzigen Sohn selbst mit ihrem Leben beschützt: also hege er grenzenloses Wohlwollen für alle Wesen!
Einen grenzenlosen Geist der Liebe für alle Welt pflege er: nach oben, nach unten, nach allen Seiten, unbehindert, ohne Haß, ohne Feindschaft!

Ob er steht oder geht, ob er sitzt oder liegt, sofern er nur nicht in Trägheit verfallen ist, gebe er sich diesem Gedenken hin, pflege er dieses Gedenken! Das ist es, was man ›ein Brahmanenleben schon in dieser Welt‹ nennt.
Der Tugendhafte, der, mit wahrer Erkenntnis ausgestattet, keine Irrlehre annimmt und sich von der Gier nach Lüsten befreit hat, der wird nimmer wieder in einen Mutterschoß eingehen.«[33]

Metta verbindet alle Wesen miteinander und verweist sie aufeinander. Wer erleuchtet worden ist und die Erkenntnis erlangt hat, der erkennt in jedem Wesen sich selbst wieder.

Aus der allumfassenden Liebesgüte geht das Mitleiden mit den Wesen, *karuna,* hervor. Und Mitleiden wird zum Erbarmen.

»Ich habe grenzenlose Liebe in mir angehäuft«, sagt der Erhabene von sich[34], »nun bin ich aller Bruder, aller Freund, Erbarmer aller Wesen; von Mitleid ist mein Herz erfüllt, in Milde heiter immerdar.«

Sein eigenes Mitleiden überträgt der Buddha gleichsam wie einen Segen auf seine Jünger und beschwört sie:

»Alle Wesen fürchten sich vor der Qual, alle fürchten sich vor dem Tod; vergleiche die anderen mit dir selbst und quäle sie nicht und töte sie nicht! Alle Wesen fürchten sich vor der Qual, allen ist ihr Leben lieb; vergleiche die anderen mit dir selbst und quäle sie nicht und töte sie nicht!«
(Dhammapada 129.130).

Aus dem Mitleid erwächst *dana,* die Gabe, die Nächstenliebe, die Almosenspende, eine der grundlegenden Tugenden in den buddhistischen Ländern Asiens. Dana ist Wohlwollen und Dankbarkeit. Die Laien bringen sie gegenüber Mönchen und Nonnen dar, indem sie ihnen Kleidung, Nahrung und Medizin geben. Das Almosengeben ist ein Verdienst und hat Einfluß

auf ein gutes karma, eine gute Wiedergeburt. Eigentlich ist dabei der Geber der Almosenempfänger, weil er die Gelegenheit zu einem verdienstvollen Werk erhält.
Karuna ruft bei Menschen und Tieren Freude und Dankbarkeit hervor. Der ganze Kosmos freut sich über das vom Buddha und seinen Jüngern ausgehende Erbarmen. *Mudita,* die Mitfreude, ist das Glücksgefühl, das alle Wesen durchstrahlt und sie an der Erleuchtung des Erhabenen teilnehmen läßt. Gerät ein Wesen in Not, dann soll man nur an seine eigene Bestimmung denken und auf diese Weise die Freude wieder »hervorholen«.

Als viertes Glied in der Kette der großen Tugenden wird *upekkha* genannt, der Gleichmut, ein Zustand, der völlige Ruhe andeutet. Wer diese Ruhe in sich besitzt, der erkennt, daß alle Wesen dem gleichen Naturgesetz des Werdens und Vergehens, des Leidens und der Nicht-Ichs ausgesetzt sind[35]. Diese Erkenntnis führt zur *Toleranz und Allversöhnung,* die auf der Erfahrung beruht, daß alle Wesen aus den gleichen Strukturen, den skhandhas, bestehen, alle dem Leiden unterworfen sind, der Vergänglichkeit unterliegen und darum erlösungsbedürftig sind. Die vier grenzenlosen Zustände wollen beschreiben, daß alles Leben aus dem gleichen Ursprung kommt, dem gleichen Verhängnis ausgesetzt ist, aber auch nach der gleichen Erlösung strebt.

Der Umgang mit den Mitmenschen

Die vier grenzenlosen Tugenden sollen vor allem auf die zwischenmenschlichen Beziehungen angewandt werden, z.B. auf das *Verhältnis von Eltern und Kindern,* das durch Hingabe und Dankbarkeit gekennzeichnet sein muß. In einer tiefsinnigen Ermahnung äußert sich dazu der Buddha in einer Rede an seine Jünger:

»Zweien, sage ich, ihr Mönche, kann man das Gute schwerlich vergelten. Welchen zweien? Vater und Mutter. Sollte man gar imstande sein, auf einer Schulter seine Mutter zu tragen und auf der anderen Schulter seinen Vater, und dabei hundert Jahre alt werden, hundert Jahre am Leben bleiben, ihnen dabei mit Salben, Kneten, Baden und Gliederreiben aufwarten, und sollten jene dabei sogar ihre Notdurft verrichten – nicht genug, ihr Mönche, hätte man für seine Eltern getan, hätte noch nicht das Gute vergolten. Und sollte man seinen Eltern selbst die Oberherrschaft über die weite Erde übertragen, der an den sieben Schätzen reichen – nicht genug, ihr Mönche, hätte man für seine Eltern getan, hätte noch nicht das Gute vergolten. Aus welchem Grunde aber? Gar viel, ihr Mönche, tun die Eltern für ihre Kinder: sind ihre Erhalter und Ernährer, zeigen ihnen diese Welt.«[36]

Wer seine Eltern liebt und ihnen Gutes erweist, der sammelt sich einen unvergänglichen Schatz an gutem karma. Einmal bezeichnet der Erhabene sogar die Achtung der Kinder vor ihren Eltern als die wichtigste aller mitmenschlichen Tugenden (Digha-Nikaya 31). Mehrfach werden die Eltern mit der Gottheit verglichen oder sogar »Götter« genannt:

»Gott, ihr Mönche, lebt in denjenigen Familien, in welchen die Eltern zu Hause von den Kindern verehrt werden. Die ersten Lehrer, ihr Mönche, leben in denjenigen Familien, in welchen die Eltern zu Hause von den Kindern verehrt werden. Die ersten Gottheiten, ihr Mönche, leben in denjenigen Familien, in welchen die Eltern zu Hause von den Kindern verehrt werden. Die Anbetungswürdigen, ihr Mönche, leben in denjenigen Familien, in welchen die Eltern zu Hause von den Kindern verehrt werden.
›Gott‹, ihr Mönche, das ist eine Bezeichnung für Vater und Mutter; ›die ersten Lehrer‹, ihr Mönche, das ist eine Bezeichnung für Vater und Mutter; ›die ersten Gottheiten‹, ihr Mönche, das ist eine Bezeichnung für Vater und Mutter; ›die Anbetungswürdigen‹, ihr Mönche, das ist eine Bezeichnung für Vater und Mutter. Aus welchem Grunde aber? Gar viel, ihr Mönche, tun die Eltern für ihre Kinder. Sie sind ihre Erzeuger, ihre Ernährer, sie zeigen ihnen diese Welt.«[37]

Das Eltern-Kind-Verhältnis überträgt der Buddha auch auf *Lehrer und Schüler.* Das Ideal des Lehrers ist der Erhabene selbst. Es ist zugleich Erziehungsideal: »Der Lehrer«, so hören wir Vinaya-Pitaka I, »sollte in seinem Schüler den Habitus eines Sohnes (puttacita) wecken, und der Schüler sollte in seinem Lehrer den Habitus eines Vaters (pitucitta) wecken. So werden diese, die miteinander in Achtung, Ehrerbietung und Höflichkeit leben, zu Wachstum und Reife in dieser Lehre gelangen ...«

Schließlich leitet der Buddha von der Eltern-Kind- und der Lehrer-Schüler-Beziehung auch das Verhältnis vom Herrscher zum Volk ab und entwickelt eine »*politische Ethik*«, in deren Zentrum *rita,* die Gerechtigkeit, steht. Vorbild der Gerechtigkeit ist wieder der Buddha selbst. Wie er, so soll auch der König ein dhammika dhammaraja sein, ein »gerechter Herr der Gerechtigkeit«. Zu König Pasenadi sagt der Erhabene einmal: »Der Herrscher soll sein Reich durch das Prinzip der Gerechtigkeit regieren und alle seine königlichen Pflichten mit Ernst und

Sorgfalt wahrnehmen und seine Untertanen behandeln wie Eltern ihre Kinder behandeln« (Jataka IV,176). Mit dieser Gerechtigkeit sind die königlichen Tugenden verbunden: die Befolgung der ethischen Grundsätze (sila), die Mildtätigkeit, die Bereitschaft, sich für das Wohl seines Volkes einzusetzen, die Tugend der Rechtschaffenheit, der Güte, der Sanftmut, der Freundlichkeit, die Tugenden des einfachen Lebens, der Freiheit von Haß und Feindschaft, die Tugend der ahimsa, die Erhaltung des Friedens, die Tugenden der Geduld, Nachsicht und Toleranz (khanti) und schließlich das Bemühen um Harmonie im Volk. Wenn der König diesen Tugenden folgt, dann wird er sein Volk segensreich regieren. In diesem Sinne hat der buddhistische Kaiser Ashoka seine Regentschaft verstanden. Wenn aber der König das Gerechtigkeitsideal verachtet und sich nicht nach den Geboten richtet, dann gerät sein ganzes Volk ins Unglück.

Im Anguttara-Nikaya IV,70 hat der Buddha diese Zusammenhänge zwischen König, Volk und Kosmos beschrieben. Auch hier begegnen wir dem *Gesetz der Interdependenz:* Eines ist vom anderen abhängig. Bis in die irrationalen Phänomene hinein beruht alles auf Kausalität. Die Harmonie bzw. die Disharmonie der Welt hängt unmittelbar mit der Gerechtigkeit oder Ungerechtigkeit des Herrschers zusammen:

»Zu einer Zeit, in welcher die Könige tugendlos sind, zu jener Zeit sind auch die Beamten der Könige tugendlos. Sind aber die Beamten der Könige tugendlos, so sind auch die Priester und Bürger tugendlos. Sind aber die Priester und Bürger tugendlos, so ist auch die Stadt- und Landbevölkerung tugendlos. Ist aber die Stadt- und Landbevölkerung tugendlos, so ändern Sonne und Mond ihren Lauf. Ändern aber Sonne und Mond ihren Lauf, so ändern sich Planeten und Sternbilder. Ändern sich aber Planeten und Sternbilder, so ändern sich Tag und Nacht. Ändern sich aber Tag und Nacht, so ändern sich die ganzen und halben Monate. Ändern sich aber die ganzen und halben Monate, so ändern sich die Jahreszeiten und

Jahre. Ändern sich aber die Jahreszeiten und Jahre, so ändern die Winde ihre Richtung. Ändern die Winde aber ihre Richtung, so zürnen die Götter. Zürnen aber die Götter, so gibt es keinen rechten Regen. Gibt es aber keinen rechten Regen, so wird das Korn nicht richtig reif. Nähren sich aber die Menschen von Korn, das nicht richtig reif ist, so leben sie nicht lange, sehen schlecht aus und werden häufig krank.

Zu einer Zeit aber, in welcher die Könige tugendhaft sind, zu jener Zeit sind auch die Beamten der Könige tugendhaft. Sind aber die Beamten der Könige tugendhaft, so sind auch die Priester und Bürger tugendhaft. Sind aber die Priester und Bürger tugendhaft, so ist auch die Stadt- und Landbevölkerung tugendhaft. Ist aber die Stadt- und Landbevölkerung tugendhaft, so nehmen Sonne und Mond ihren rechten Lauf. Nehmen aber Sonne und Mond ihren rechten Lauf, so nehmen auch die Planeten und Sternbilder ihren rechten Lauf. Nehmen aber die Planeten und Sternbilder ihren rechten Lauf, so nehmen auch Tag und Nacht ihren rechten Lauf. Nehmen aber Tag und Nacht ihren rechten Lauf, so nehmen auch die ganzen und halben Monate ihren rechten Lauf. Nehmen aber die ganzen und halben Monate ihren rechten Lauf, so nehmen auch die Jahreszeiten und Jahre ihren rechten Lauf. Nehmen aber die Jahreszeiten und Jahre ihren rechten Lauf, so blasen die Winde in der rechten Richtung. Blasen aber die Winde in der rechten Richtung, so zürnen die Götter nicht. Zürnen aber die Götter nicht, so gibt es rechten Regen. Gibt es aber rechten Regen, so gelangt das Korn zur rechten Reife. Nähren sich aber die Menschen von Korn, das richtig reif ist, so erreichen sie hohes Alter, Schönheit, Kraft und Gesundheit.«[38]

Keine Kastenunterschiede – Alle Menschen sind gleich

Natürlich kann Gautama Buddha – den Voraussetzungen seiner Zeit entsprechend – noch nicht als Vorkämpfer für die Gleichberechtigung unter den Menschen angesehen werden; er hat auch kein sozialrevolutionäres Programm vorgelegt. Aber er hat bereits erkannt, daß die Unterschiede zwischen den Menschen nicht in der Rasse, der Hautfarbe oder im sozialen Stand zu suchen sind, sondern darin, wie ein Mensch in seinem Herzen denkt und wie er handelt:

»Nicht nenne ich jemand einen Brahmanen nach dem Schoße, dem er entstammt, nach der Mutter, die ihn gebar -; wer nichts besitzt und nichts begehrt, den nenne ich einen Brahmanen.« Denn »nicht durch Haarflechten, nicht durch das Geschlecht ... wird man Brahmane. In dem Wahrheit und Tugend wohnt, der ist rein, der ist ein Brahmane«. Und umgekehrt: »Nicht durch Geburt ist man Verworfener, nicht durch Geburt ist man Brahmane; durch seine Tat ist man Verworfener, durch seine Tat ist man Brahmane.« »Wer keine böse Tat verübt, sei es mit dem Körper, mit der Rede oder mit dem Geiste, wer in diesen drei Beziehungen sich in Acht nimmt, den nenne ich einen Brahmanen. Wer alle Fesseln zerbrochen hat, sich nicht fürchtet, aller Bande ledig und völlig frei ist, den nenne ich einen Brahmanen. In dem sich keine Wünsche regen, weder für diese Welt noch für ein Jenseits, wer begierdelos und völlig frei ist, den nenne ich einen Brahmanen.«[39]

Der Sinn dieser Herrenworte ist klar: Nicht die Herkunft eines Menschen, nicht seine Hautfarbe, die Form seiner Haartracht, die Gestalt des Kopfes, der Nase und andere rassische Merkmale, aber auch nicht das minutiöse Einhalten der Riten und Opfer, kurz: Nicht die äußeren Merkmale eines Brahmanen machen den Wert des Menschen aus, sondern seine Gesinnung und vor allem das moralische Tun sind wichtig.

Die grundsätzliche Gleichheit aller Menschen wird zunächst aus der Diagnose des Buddha erkennbar: Alle Menschen, gleich welcher Rasse und Herkunft sie sein mögen, unterliegen der Leidenswirklichkeit. Alle Menschen unterliegen ihren Begierden und werden von ihnen angetrieben; aber alle Menschen sehnen sich auch nach Erlösung. »In Bezug auf die Erlösung – gibt es da irgendeinen Unterschied zwischen den vier Kasten, Herr?« fragt der König von Kosala. Der Erhabene antwortet daraufhin: »Ich lasse keine Unterscheidung zu, was das Wesen der Erlösung anbelangt.«

»Geradeso wie wenn jemand ein Feuer mit trockenen Gräsern anzündet, und ein anderer mit trockenem Sal-Holz, und ein dritter mit trockenem Mango-Holz und ein vierter mit trockenem Holz vom Feigenbaum, – würden wohl diese verschiedenen Feuer, angezündet mit verschiedenen Hölzern, irgendeinen Unterschied hinsichtlich ihrer Flamme, Farbe oder Heiligkeit zeigen?« »Überhaupt keinen Unterschied, Herr«, ist die Antwort des Königs. Und der Buddha darauf: »Ebenso ist es auch mit der inneren Erleuchtung, die durch Anstrengung angezündet und durch eifriges Anfachen genährt wird. Ich sage, daß da kein Unterschied besteht in bezug auf ihre Erlösung.«[40]

Buddha Shakyamunis letzte Tage

Die Buddhismusforschung ist in der glücklichen Lage, einen bedeutenden Sanskrittext, das Mahaparinirvana-Sutra (Pali: Mahaparinibbana-Sutta), den Großen Lehrtext vom Hinscheiden, gefunden zu haben, einen Text, der von den letzten Ereignissen im Leben Buddhas berichtet. Hier hören wir, wie sich eine große Gemeinde um den Erhabenen schart und mit ihm nach Rajagriha im Magadhareich und an den Ganges wandert. Überall holt man Buddhas Rat ein und hört seine Predigten. Es wird von einer Seuche berichtet, die zahlreiche Laienjünger dahinrafft. Dann predigt der Buddha in Vaisali, wo er sich von einer Hetäre zum Essen einladen läßt und diese bekehrt. Die Regenzeit beginnt, und seine Begleiter ziehen sich, bis auf Ananda, zurück. Da überfällt den Erhabenen eine schwere Krankheit, die er nur durch große Energie (virya) überwinden kann. Sein Lieblingsjünger sorgt sich um seinen Herrn, dieser aber beruhigt ihn: »O Ananda, trauere und klage nicht; denn wozu ist das nütze? Alles Entstandene, Gewordene und Erschaffene fällt unabwendbar dem Vergehen und Zunichtewerden anheim. Darum, Ananda, wenn ich nicht mehr da bin, seid euch selbst Eiland und Zuflucht und nehmt die Liebe und nichts anderes als Eiland und Zuflucht.«[41]

Nach der Regenzeit wandert der Buddha nach Norden in die Nähe seiner Heimat. Er predigt über die Sittlichkeit und die Notwendigkeit der Meditation für die Erlösung. Bei einem Schmiedemeister nimmt er seine letzte Mahlzeit ein. Er hat starke Schmerzen, muß sich hinlegen; aber immer wieder rafft er sich auf und zieht mit Ananda weiter bis zur Stadt Kusinagara. Dort läßt er sich ein Lager zwischen zwei Shalabäumen bereiten und streckt sich mit dem Haupt nach Norden aus. Ananda wird mit einem Male klar, was der Tod des Meisters für die Welt bedeutet, und bricht in lautes Klagen aus. Der Buddha tröstet ihn und lobt ihn für seine Treue. Dann nimmt er noch einen alten Einsiedler, Subhadra, in den Orden auf, und schließlich – das ist seine letzte Handlung – fragt er die Jünger, ob sie noch Zweifel an seiner Lehre haben, doch alle schweigen.

Damals sprach der Erhabene zum ehrwürdigen Ananda: »Es mag sein, o Ananda, daß euch folgender Gedanke kommt: Nun hören wir die Worte unseres Lehrers nicht mehr, und haben nicht länger einen Meister. Aber so, Ananda, sollt ihr nicht denken. Die Lehre und die Ordenszucht, in der ich euch unterwiesen und die ich euch gegeben habe, sollen nach meinem Dahinscheiden euer Meister sein.«
Und weiter sagte der Erhabene zu den Mönchen: »Es könnte nun sein, ihr Mönche, daß irgendeiner von euch einen Zweifel oder eine Unsicherheit in Hinsicht auf den Buddha, seine Lehre, seine Gemeinde, den Weg oder den Pfad besäße. Darum fragt, ihr Mönche, damit ihr euch nicht später von Reue erfüllt zu sagen braucht: ›Als der Meister mitten unter uns war, da getrauten wir uns nicht, den Erhabenen persönlich zu befragen‹.« Auf diese Worte schwiegen die Mönche. Und ein zweites und ein drittes Mal sprach der Erhabene dieselben Worte, und auch beim drittenmal schwiegen die Mönche. Da sprach der Erhabene: »Es könnte sein, ihr Mönche, daß ihr in ehrfürchtiger Zurückhaltung vor dem Meister ihn nicht fragt. Dann mag zunächst der Freund dem Freunde seine Bedenken mitteilen.«
Doch auch darauf schwiegen die Mönche.
Da sagte der ehrwürdige Ananda zum Erhabenen: »Ein Wunder ist es, o Herr, und etwas ganz Besonderes! So klar ist es mir, daß in dieser Gemeinde der Mönche auch nicht ein einziger einen Zweifel oder eine Unsicherheit in Hinsicht auf den Buddha, seine Lehre, seine Gemeinde, den Weg oder den Pfad hat.«
»Du sprichst so, Ananda, weil du es glaubst, der Pfadvollender aber weiß, daß es sich so verhält. Denn von den fünfhundert Mön-

chen hier ist auch der letzte in den Strom der Erlösung eingetreten, wird keiner mehr in eine üble Daseinsform gelangen, sieht jeder unverrückt in der Erleuchtung das höchste Ziel.«
Und dann sprach der Erhabene zu den Mönchen: »Nur noch eins, ihr Mönche, habe ich euch jetzt zu sagen: Vergänglich sind alle Formen des Daseins, müht euch, ohne abzulassen.«
Das war das letzte Wort des Vollendeten.[42]

Dann heißt es:

Dann durchlief der Erhabene nacheinander die vier Stufen der Versenkung. Von der vierten Stufe aus trat er in die Sphäre der Raumunendlichkeit ein, von hier aus in die Sphäre Bewußtseinsunendlichkeit, dann in die Sphäre des Nichts, in die Sphäre jenseits von Bewußtsein und Nicht-Bewußtsein, und von hier aus erreichte er das Auslöschen von Bewußtsein und Empfindung.
Da sprach der ehrwürdige Ananda zu dem ehrwürdigen Anuruddha: »Der Erhabene ist in das parinirvana eingegangen, o Anuruddha!«
»Nein, Freund Ananda, der Erhabene ist noch nicht in das parinirvana eingegangen, sondern hat nur das Aufhören von Bewußtsein und Empfindung erreicht.«
Und der Erhabene durchlief noch einmal in umgekehrter Reihenfolge alle die Sphären bis hinunter zur ersten Stufe der Versenkung. Von dieser aus erhob er sich dann wieder in die zweite, dritte und vierte Stufe und von der vierten Stufe aus ging der Erhabene schließlich sogleich in das vollständige nirvana ein.[43]

Beim Hinscheiden des Buddha geschehen Zeichen und Wunder: Die beiden Shalabäume fangen an zu blühen, und die Blüten regnen auf den Sterbenden herab, ein großes Erdbeben ereignet sich, das die Menschen in Schrecken versetzt. Alle Welt weiß jetzt, daß der Erhabene in das *parinirvana* eingegangen ist, in das nirvana jenseits des Todes. Alle trauern, und die Legende erzählt, daß selbst die Götter und auch Maya, die Mutter des Buddha, vom Himmel herabsteigen und an der Leiche des Erhabenen weinen. Dann wird der Scheiterhaufen aus kostbarem Sandelholz errichtet. Wie ein Weltenherrscher wird der Buddha bestattet. Der Scheiterhaufen entzündet sich selbst, und der Körper verbrennt bis auf die Gebeine, die man als Reliquien den sieben Ländern zuspricht, in denen der Buddha geweilt hat.[44] Auf diese Weise bleibt der Erhabene seinen Jüngern gegenwärtig, und seine Erleuchtung erleuchtet auch nach seinem Tode die Welt.

Was ist das nirvana?

Der Buddha hat sowohl im Leben wie im Tode das nirvana erfahren. Schon die Erleuchtung unter dem bodhi-Baum war eine solche Erfahrung des Letzten und Allerletzten. Während seines Sterbens schwinden nun auch die Reste aller Bedingtheiten, und das Un-bedingte erfüllt sich ganz: *Das parinirvana ist jener Zustand, in dem nichts mehr bedingt und alles Leiden erloschen ist wie der Docht einer Kerze, verweht wie ein Hauch.* Läßt sich das nirvana diesseits und jenseits des Lebens beschreiben und verstehen? Die heiligen Texte sprechen darüber nur in Andeutungen:

Also habe ich gehört. Einst weilte der Herr zu Savatthi im Jetahaine im Garten des Anathapindika. Zu der Zeit aber geschah es, daß der Herr die Mönche mit einer auf das nirvana bezüglichen Rede über die Lehre belehrte, anregte, anfeuerte und erfreute; und die Mönche lauschten der (Rede über die) Lehre mit gespannter Aufmerksamkeit, achtgebend, sie ihrem Geiste einprägend und alle ihre Gedanken auf sie richtend. Als nun der Herr diese Sachlage erkannte, tat er zur selben Stunde folgenden bedeutsamen Ausspruch: »Es gibt, ihr Mönche, eine Stätte, wo es weder Erde, noch Wasser, noch Feuer, noch Luft gibt. Es ist nicht die Stätte der Raumunendlichkeit, noch die der Bewußtseinsunendlichkeit, noch die des Nichtsseins, noch auch die Stätte, wo es weder ein Vorstellen noch ein Nichtvorstellen gibt. Es ist nicht diese Welt noch jene Welt, sei es der Mond oder die Sonne. Ich nenne es, ihr Mönche, weder ein Kommen, noch ein Gehen, noch ein Stehen, weder ein Vergehen, noch ein Entstehen. Es ist ohne Stütze, ohne Anfang, ohne Grundlage – das eben ist das Ende des Leidens.«[45]

Demnach ist eine Definition des nirvana offenbar unmöglich. Aber andere Texte sagen, das nirvana sei »Ruhe« oder »Wonne« oder gar »Glück«:

Bei dem, was von anderem abhängig ist, gibt es Bewegung, bei dem, was von nichts anderem abhängig ist, gibt es keine Bewegung, wo keine Bewegung ist, da ist Ruhe, wo Ruhe ist, da ist kein Verlangen, wo kein Verlangen ist, da gibt es kein Kommen und Gehen, wo es kein Kommen und Gehen gibt, da gibt es kein Sterben und Wiederentstehen, wo es kein Sterben und Wiederentstehen gibt, da gibt es weder ein Diesseits noch ein Jenseits noch ein Dazwischen – das eben ist das Ende des Leidens.[46]

Im Sutta-Nipata (1092-1094) wird das nirvana sogar mit einer rettenden Insel in gefährlicher Flut verglichen:

»Für diejenigen, welche sich mitten im Strome befinden«, so sprach der ehrwürdige Kappa, »in der furchtbar gefährlichen Flut, von Alter und Tod umgeben, nenne mir, Verehrter, ein Eiland. Zeige mir die Insel, damit dies Dasein hier sich nicht wiederhole.«
»Für diejenigen, welche sich mitten im Strome befinden«, sprach der Herr, »in der furchtbar gefährlichen Flut, von Alter und Tod umgeben, will ich ein Eiland dir nennen, o Kappa.
Es ist jenes unvergleichliche Eiland, wo man nichts sein eigen nennt, an nichts hängt: ›Nirvana‹ nenne ich es, das Ende von Alter und Tod.
Die Ernstbesonnenen, die dieses erkannt und schon in diesem Leben das nirvana erreicht haben, die gelangen nicht in Maras (Mara = das böse Prinzip, der Satan) Gewalt, sie gehen nicht den Weg des Mara.«[47]

Gesundheit ist der größte Gewinn, Zufriedenheit ist der größte Reichtum, Vertrauen ist die beste Verwandtschaft, nirvana ist die höchste Wonne.

So wird das nirvana zu einer Hoffnung über Leben und Tod, Zeit und Raum hinaus, die einzige Zuflucht jenseits aller Bedingtheiten.

Die Felsenedikte des Kaisers Ashoka

Zu den schönsten Zeugnissen buddhistischer Lebensweisheit gehören die Erlasse des großen zum Buddhismus übergetretenen *Kaisers Ashoka,* der im dritten Jahrhundert vor Christus lebte. Diese Erlasse ließ er teils auf Säulen anbringen, teils in Felsen einmeißeln. Im Felsenedikt von Kalsi hören wir, wie Ashoka, der sich selbst Piyadasi nennt, einen Sinneswandel durchmachte: Einst kämpfte er gegen seine Feinde, eroberte ihre Länder und brachte viel Leid über sie; – nach seiner Bekehrung will er sein Ich bekämpfen und sein Herz durch die Religion bezwingen lassen.

Als der göttergeliebte König Piyadasi acht Jahre gesalbt war, wurde das Reich der Kalingas von ihm besiegt. Einhundertfünfzigtausend Männer waren es, die da (gefangen) fortgeschleppt wurden, einhunderttausend wurden erschlagen und vielmal so viele starben nachher.

Jetzt, nachdem das Reich der Kalingas erobert worden ist, (beginnt) bei dem Göttergeliebten die Beschäftigung mit der Religion (dhammavaya), die Liebe zur Religion und das Lehren der Religion. Und Reue empfindet der Göttergeliebte über die Eroberung des Kalingareiches. Denn daß bei der Eroberung eines vorher nicht eroberten Landes Mord, Tod und Fortschleppen der Leute stattfindet, das erachtet der Göttergeliebte für tief schmerzlich und bedauernswert. Für noch beklagenswerter hält der Göttergeliebte dies, daß da (in einem eroberten Land) Brahmanen und Asketen, Mitglieder anderer Sekten oder Hausherren wohnen, die Gehorsam gegen Mutter und Vater, Gehorsam gegen ehrwürdige Personen, wohlwollendes Verhalten gegen Freunde, Bekannte, Genossen und Verwandte, gegen Sklaven und Diener üben und im Glau-

ben fest sind, und daß deren liebe Angehörige verletzt, getötet und fortgeschleppt werden. ... Darum würde jetzt auch nur der hundertste oder der tausendste Teil von allen diesen Leuten, die bei der Eroberung des Kalingareiches getötet wurden, starben und fortgeschleppt worden sind, dem Göttergeliebten tief beklagenswert erscheinen.
Über diese Eroberung durch die Religion (dhammavijaya) fühlt er tiefe Befriedigung. Aber etwas geringes ist diese Befriedigung. Denn der Göttergeliebte hält doch nur den Lohn in der anderen Welt für wichtig.
Und zu folgendem Zweck ist dieses Religionsedikt (dhammalipi) aufgeschrieben worden: Daß meine Söhne und Enkel, die ich haben werde, nie daran denken sollen, eine neue Eroberung zu machen. Und wenn doch eine Eroberung nötig sein sollte, daß sie an Milde und leichter Bestrafung Gefallen finden mögen, und daß sie die Eroberung durch die Religion als die (wahre) Eroberung ansehen sollen. Diese trägt Früchte in dieser Welt und in jener Welt. Und ihre Freude sei die Freude an der Arbeit (für die Religion). Denn diese trägt Früchte in dieser Welt und in jener Welt.[48]

Ashoka will damit Buddhas Spuren folgen und den dhammapada, den »Pfad der Wahrheit«, beschreiten. Er will das Herrenwort wahrmachen, das da heißt:

Nicht wer zehnhunderttausend Mann
Am Schlachtfeld überwältigt hat.
Wer einzig nur sich selbst besiegt,
Der, wahrlich, ist der stärkste Held.[49]

Das Bodhisattva-Ideal im Mahayana-Buddhismus

Bisher haben wir hauptsächlich den Hinayana-Buddhismus, das »Kleine Fahrzeug«, den Urbuddhismus, zu Wort kommen lassen, die ursprüngliche Lehre des Gautama Buddha. Der Hinayana-Buddhismus ist auf Südostasien (Birma, Thailand, Kambodja und vor allem Ceylon/Sri Lanka) beschränkt und wird von den europäisch-westlichen Buddhisten als die eigentliche Quelle buddhistischen Denkens angesehen. Daneben hat sich aber hauptsächlich in Nordostasien (Nepal, Tibet, China, Korea und Japan) eine erweiterte und sehr tolerante, dem Volksglauben gegenüber aufgeschlossene Richtung entwickelt, die sich als *Mahayana, das »Große Fahrzeug«,* bezeichnet. Das Mahayana besitzt im Gegensatz zum Hinayana keinen eigentlichen Schriftenkanon, also keine Texte, die für alle Buddhisten verbindlich sind, sondern vielmehr eine große Anzahl heiliger Schriften, die von der einen Schule als besonders heilig angesehen werden, von der anderen hingegen weniger beachtet werden. Die Texte sind teils in Sanskrit, teils in Prakrit abgefaßt, aber meistens nicht mehr im Original, sondern nur in tibetischen oder chinesischen Übersetzungen erhalten. Eines der bedeutendsten Werke aus dem Mahayana-Buddhismus ist der Saddharma-Pundarika, der »Lotus des Wunderbaren Gesetzes«, in welchem der *Buddha Shakyamuni* als erhabenes Wesen, *als Gottheit verehrt* wird. Diese Schrift entstand etwa um 200 nach Christus. Der bedeutendste Philosoph des Mahayana ist *Nagarjuna* (2. Jh. v.Chr.), der in seinem Madhyamika-Sutra die wiederbelebte Metaphysik systematisch dargestellt hat.

Die *Unterschiede zum Hinayana* bestehen in sechs Punkten:

1. Der Bodhisattva, der angehende Buddha also, verzichtet solange auf den Eintritt ins nirvana, bis er alle Wesen erlöst hat. Seine Selbstlosigkeit ist auf das Mitleid mit den Wesen begründet, vor dem die eigene Erlösung zurückzutreten hat.
2. Während im Hinayana im Grunde nur der Mönch oder die Nonne und die Laien erst, nachdem sie als Mönche oder Nonnen wiedergeboren sind, Erlösung erlangen können, sind im Mahayana alle Menschen erlösungsfähig, die sich in gläubiger Hingabe an den Buddha oder Bodhisattva wenden.
3. Im Mahayana kommt es zu einer besonderen Ausprägung des Buddhaglaubens: Es gibt mehrere Buddhas, die nacheinander als Erlöser auftreten, aber in einem mystischen Zusammenhang miteinander stehen: Der Ur-Buddha erschafft in der Versenkung fünf Dhyani-Buddhas, die ihrerseits fünf Dhyani-Bodhisattvas hervorbringen, die Schöpfer des Universums, vielmehr der Universa; denn das gegenwärtige Dasein vollzieht sich in der vierten Schöpfung.
4. Unter dem Einfluß der jeweiligen Volksreligion entwickelt sich eine komplizierte buddhistische Mythologie mit einer verwirrenden Zahl von verehrungswürdigen und gefürchteten Wesen.
5. Das nirvana, das im Hinayana vorwiegend negativ besetzt ist, wird nun als himmlisches Paradies beschrieben, als das Reich das Buddha Amitabha, das im Westen liegt und ein Reich der Seligen ist.
6. Andererseits ist der Mahayana-Buddhismus so tolerant, daß er Philosophen wie Nagarjuna duldet, die die Ansicht vertreten, daß die »Leere« (shunyata), welche allen Dingen zu eigen ist, die einzige Wirklichkeit darstellt.

Die Grundstrukturen jedoch bleiben in beiden buddhistischen Systemen gleich. Dazu gehört vor allem die Lehre von der Erlösung und das Mitleid mit den Wesen:

Und ich nehme auf mich die Last aller Leiden, ich bin dazu entschlossen, ich ertrage sie. Ich kehre nicht um, ich fliehe nicht, ich zittere nicht und bebe nicht, ich fürchte mich nicht, ich weiche nicht zurück und ich verzage nicht. Und warum das? Weil ich unbedingt die Last aller Wesen auf mich nehmen muß. Das ist nicht mein freier Wille. Die Rettung aller Wesen ist mein Gelöbnis; von mir müssen alle Wesen befreit werden. Von mir muß die ganze Welt der Lebenden gerettet werden. Aus der Wildnis der Geburt, aus der Wildnis des Alters, aus der Wildnis der Krankheit, aus der Wildnis des Todes, aus der Wildnis aller Arten von Unheil, aus der Wildnis der schlechten Daseinsformen, aus der Wildnis des ganzen Kreislaufes der Wiedergeburten, aus der Wildnis aller Irrlehren, aus der Wildnis des Verlierens der guten Religion, aus der durch Unwissenheit entstandenen Wildnis, aus allen diesen Wildnissen muß ich alle Wesen erretten. ... Ich wirke für die Befestigung des unvergleichlichen Reiches der Erkenntnis für alle Wesen. Ich bemühe mich nicht bloß um meine eigene Erlösung. Denn alle diese Wesen müssen von mir mit dem Boot des Gedankens an die Allwissenheit aus der Flut des samsara herausgeholt werden. Von dem großen Abgrund muß ich sie hinwegheben, von allen Widerwärtigkeiten muß ich sie befreien, ich muß sie aus der Flut des samsara hinausführen. Ich selbst muß die ganze Masse des Leidens aller Wesen auf mich nehmen. Soweit ich es vermag, will ich allen schlechten Daseinsformen, wie sie in allen Weltteilen erlangt werden, alle Leiden auskosten. Und kein Wesen darf von mir um die Wurzel des Guten betrogen werden. Ich bin entschlossen, in jeder einzelnen schlechten Daseinsform ungezählte Millionen von Weltzeitaltern zu leben. Und wie in einer schlechten Daseinsform, so ist der Grund zur Befreiung aller Wesen in sämtlichen schlechten Daseinsformen ohne Ausnahme, die in allen Weltteilen vorkommen. Und warum das? Besser ist es ja fürwahr, daß ich allein leide, als daß alle Wesen in die Stätten der schlechten Daseinsformen gelangen. ... Und ebenso muß ich die Wurzeln des Guten zur Reife bringen, daß alle Wesen unendliches Glück, ungeahntes Glück, das Glück der Allwissenheit erlangen mögen, – mit mir als Wagenlenker, mit mir als Führer, mit mir als Fackelträger, mit mir als Wegweiser zum Heil, mit mir, der im rechten Augenblick den Weg gefunden hat, mit mir, der die Mittel kennt, mit mir, der die Vorteile weiß, ... mit mir als Wegweiser zum anderen Ufer.[50]

Der Impuls zum Mitleid geht auch hier von der Liebe aus; in einem Gebet heißt es:

In allen Ländern mögen alle Leiden der Wesen aufhören; mögen alle Wesen, die mangelhafte Sinnesorgane haben oder eines Gliedes beraubt sind, jetzt heil und gesund sein!
Mögen alle in den zehn Weltgegenden, die krank, schwach, heruntergekommen und schutzlos sind, rasch von ihrer Krankheit befreit werden und Gesundheit, Stärke und ihre Sinnesorgane wiedererlangen!
Mögen alle Wesen, die von Königen, Räubern oder Soldaten bedroht, zum Tode verurteilt, die durch verschiedene Hunderte von Ängsten in Not geraten sind, mögen diese in Not geratenen Unglücklichen von diesen Hunderten der schlimmsten und schrecklichsten Ängste befreit werden!
Alle die, welche geschlagen, in den Kerker geworfen, gequält, sich in mannigfachen Nöten befinden, von vielen Tausenden von Mühen bedrängt, die von mannigfachen Gefahren und schrecklichem Kummer heimgesucht sind, – mögen diese alle von ihren Fesseln befreit werden, die Geschlagenen mögen von den Schlägen befreit, die mit dem Tode Bedrohten dem Leben wiedergegeben werden, und die in Bedrängnis Geratenen von aller Furcht frei werden!
Mögen die von Hunger und Durst Gequälten Speise und Trank in Fülle erlangen, die Blinden die mannigfachen Formen und Gestalten sehen, und die Tauben liebliche Geräusche hören!
Mögen die Nackten bunte Kleider erlangen, die Armen Speise bekommen und alle Wesen mögen durch viel Geld und Getreide und Edelsteine aller Art glücklich sein!

Möge niemand Leid und Schmerz treffen, mögen alle Wesen sich wohl befinden, von schöner, angenehmer und lieblicher Gestalt sollen sie stets mit viel Glück überhäuft sein!
Nach Herzenslust werde ihnen Speise und Trank und reichliches religiöses Verdienst zuteil durch bloßes Denken daran, und so auch Lauten, Trommeln und lieblich tönende Pauken, Brunnen, Seen und Lotusteiche. Beim bloßen Denken daran soll ihnen zuteil werden: Speise und Trank und Kleidung, Reichtum, Gold und Schmuck von Edelstein und Perlen mit Gold, Beryll und bunten Juwelen.
Mögen nirgends Laute des Schmerzes in der Welt ertönen, möge auch nicht ein einziges Wesen Widerwärtiges erleben und mögen alle diese von prächtigem Aussehen sein, Glanz verbreiten und einander zugetan sein!
Jedes Glück in der Welt soll ihnen zuteil werden nach Herzenswunsch, alle ihre Absichten sollen beim bloßen Denken daran mit guter Frucht in Erfüllung gehen!
Dreimal in der Jahreszeit sollen sie Regen auf die Bäume bekommen und (Früchte) ernten. Diese Wesen sollen erfreut sein. In den zehn Weltgegenden sollen sie allen Tathagatas unausdenkbare Verehrung darbringen samt den Bodhisattvas, den Jüngern und der Lehre, in welcher die Erleuchtung ihren Wohnsitz hat.[51]

Schließlich hat der Einfluß der Volksreligion, besonders im Lamaismus Tibets, auch zu einem Wiedererwachen der *Rezitation von heiligen Silben* und Formeln geführt. Das sechssilbige Wort »OM MANI PADME HUM«, das die Tibeter auslegen als »OM, das Juwel (der Buddha, seine Lehre) ist in der Welt erschienen«, ist die berühmteste Zauberformel, die wir aus dem Mahayana-Buddhismus kennen. Ihre Rezitation bringt Erlösung von allem Leid und Freiheit vom Kreislauf der Geburten: »Diese große sechssilbige Zauberformel ist das tiefe Geheimnis des Buddha Avalokitesvara«, heißt es in einem alten Text, und wer das tiefe Geheimnis kennt, der kennt die Befreiung.

»Wer mir die große sechssilbige Zauberformel gibt«, sagt ein Bodhisattva, »dem bin ich bereit, die vier Weltteile, mit den sieben Arten von Edelsteinen gefüllt, zu schenken. Wenn, o Herr, zum Niederschreiben derselben keine Birkenrinde da ist, keine Tinte und kein Schreibrohr, so soll er mit meinem Blute Tinte machen, mir die Haut abziehen und sie statt Birkenrinde verwenden, meine Knochen spalten und ein Schreibrohr daraus machen. Und das, o Herr, würde meinem Körper nicht weh tun. Er soll mir Mutter und Vater sein, der Lehrer aller Lehrer!«[52]

Jedes Wesen enthält die Buddha-Natur

Auch in ihren modernen Ausprägungen wirkt die Weisheit des Mahayana-Buddhismus fort und findet in Asien und im Westen ihre Anhänger. Besonders in *Japan* ist es in den letzten 150 Jahren zu einer erstaunlichen Renaissance buddhistischer Werte und Normen gekommen. Hier sind es Laien, Männer und Frauen aus dem Volke, die sich als Jünger und Jüngerinnen des Buddha Shakyamuni bezeichnen und einen praktischen, lebensnahen und lebensbejahenden Laienbuddhismus vertreten. Zu den Gründern solcher neuen religiösen Bewegungen (shin shukyo) gehört auch Nikkyo Niwano (geb. 1906), der Stifter der Rissho Kosei-kai, der »Gesellschaft zur Errichtung von Gesetz und Gemeinde« (gegründet 1938; ca. 6 bis 8 Millionen Mitglieder). Er ist ein Mann aus dem Volk, der gemeinsam mit Myoko Naganuma (1889 bis 1957), einer charismatisch begabten Seherin, das Lotus-Sutra, Saddharma-Pundarika, zeitgemäß auszulegen begann. Bei der Einschreinung des Lotus-Sutra im Zentralheiligtum in Tokyo (15. November 1945) machte er ekstatische Erfahrungen und wurde erleuchtet. Seit dieser Zeit verkündigt Niwano die Grundsätze Shakyamuni Buddhas und versucht, sie auch auf internationalen Konferenzen seinen westlichen Hörern nahezubringen. Im Mittelpunkt seiner Verkündigung steht immer wieder die *Lehre von der Buddha-Natur,* die jedem Wesen eigen ist und die nur entfaltet werden muß, damit es Erleuchtung findet. In der Gruppenseelsorge, der hoza, wird nach Wegen gesucht, um der Buddha-Natur teilhaftig zu werden. In einem deutschen Handbuch der Rissho Kosei-kai[53] heißt es dazu: »Das primäre und wichtigste Ziel der hoza ist es, allen Teilnehmern zu helfen, ihre Buddha-Natur hervorzubringen und zu entwickeln, und zwar durch gemeinsame mitempfindende Arbeit zur Lösung der Probleme eines mit Sorgen belasteten Menschen. Wenn jemand wirklich erkennen kann, daß er die Buddha-Natur besitzt, dann gelangt er alsbald zu der Erkenntnis, daß andere sie in gleichem Maße besitzen. In der hoza versuchen die Teilnehmer, die Buddha-Natur in anderen zu finden, sie soweit wie möglich zu achten, und auf diese Weise diese Natur in sich selbst wie in anderen zum Bewußtsein zu bringen.«

Die hoza-Seelsorge bildet sozusagen die individuelle Voraussetzung für alle Aktivitäten; sie ist auch der Ausgangspunkt für die großen Friedensinitiativen, die von der Rissho Kosei-kai und anderen buddhistischen Laienbewegungen Japans ausgehen. Engagiert entfaltet dazu Nikkyo Niwano die Vier Edlen Wahrheiten zeitgemäß:

Die Vier edlen Wahrheiten heißt die erste von Buddha verkündete Lehre. Es sind dies die folgenden:

1. *Kutai oder die edle Wahrheit, die besagt, daß alles Dasein Leiden bedeutet. Jedes Stadium des Lebens, Geburt, Alter, Krankheit und Tod bringt Leiden mit sich, die weder Kami (Name für die Shinto-Gottheiten) noch Buddha (shimbutsu) fortnehmen können. Doch das Leiden als solches gehört nicht unzertrennlich zu den Dingen, sondern ist das Ergebnis der Überschreitung des Naturgesetzes oder die Ernte eines bösen Samens, den der Mensch ausgesät hat. Wir sollten nicht versuchen, uns vom Leiden durch die Anrufung Gottes oder Buddhas zu befreien. Vielmehr sollten wir uns dem Leiden stellen und seine Ursache in unseren bösen Taten suchen, so wie der Buddha gesagt hat: ›Erkenne die wahre Natur des Leidens, dann wirst du einen Weg finden, es aufzulösen.‹*
2. *Shittai oder die edle Wahrheit, Illusion und Begehren als Ursache des Leidens zu verstehen. Hier muß an die Lehre von der wahren Natur aller Erscheinungen erinnert werden. Es gibt für sie auch den Ausdruck ›die zehn Faktoren der Existenz‹. Es*

sind dies 1. die Form, 2. die Natur, 3. die Substanz, 4. die Macht, 5. die Tätigkeiten, 6. die primären Ursachen, 7. die Umwelteinflüsse, 8. die Wirkungen, 9. Lohn und Vergeltung und 10. die Summe der genannten Faktoren oder ihre unaufhörliche Wiederkehr.

Um es einfach zu sagen: Die Natur des Menschen oder sein Herz (kokoro) beeinflußt sein Äußeres. Sie ist außerdem für die Taten des Menschen verantwortlich, die ihrerseits zu primären Ursachen werden, die bei einem Zusammentreffen mit sekundären jene Wirkungen herbeiführen, welche die Erscheinungen und ihre karmische Vergeltung sind. Die Sorge über diesen Vorgang läßt den Menschen nicht zur Ruhe kommen, und dieser Zustand wird die unaufhörliche Wiederkehr genannt, die zehnte in der Reihe der Ursachen.

Für die Entwicklung des Menschen ist es von größter Bedeutung, daß diese ursächlichen Faktoren gründlich untersucht werden. Selbst wissenschaftliche Unternehmen, etwa die Flüge zum Mond, hängen von der Intensität solcher Untersuchung ab.

3. *Mettai oder die edle Wahrheit des Auslöschens allen Leidens oder das nirvana. Damit wird jener Zustand bezeichnet, den man nach der Überwindung allen Leidens erreicht und worin man einen unendlichen Frieden mit sich und anderen empfindet.*
4. *Dotai oder die edle Wahrheit, die den Weg zum nirvana durch die Anwendung des Achtfachen edlen Pfades und der Sechs Vollkommenheiten zeigt.*[54]

Dann erläutert er, wie der Achtfältige Pfad dem modernen Menschen verständlich gemacht werden muß:

Hasshodo:

Ein Sprichwort sagt: »Jeder Mensch hat seine Fehler«, das heißt, die bösen Neigungen sind in uns allen angelegt. Das Böse zeigt sich in der Tat in vielerlei Gestalt, doch die folgenden acht Korrektive sind für alle, die darunter leiden, ein Wegweiser zu einem neuen Leben.

1. *Shoken, die richtigen Ansichten. Damit ist gemeint, daß wir die Welt weder durch gefärbte Gläser anblicken noch uns durch gefühlsmäßige und subjektive Kriterien leiten lassen dürfen, sondern nur durch die objektiven Normen der Wahrheit. Die Wissenschaft, die uns darin ein gutes Beispiel gibt, hat zu den großartigen, allerseits bekannten Ergebnissen geführt, eingeschlossen die Erforschung des Mondes. Die Lehren des Buddha gelten daher nicht nur für die gegenwärtige Welt, sondern auch für die Milliarden Welten seines Reiches.*
2. *Shoshi, das richtige Denken. Dieser Pfad führt zum Erkennen des richtigen eigenen Platzes. Er hält die drei Übel des Willens, nämlich Begierde, Zorn und Bosheit, fern.*
3. *Shogo, das richtige Sprechen. Hiermit ist gemeint, daß man die Wahrheit sagen muß. Es gibt ein Sprichwort: »Der Mund ist die Ursache allen Übels«. Ein falsches Wort kann zum Streit führen. So brachte Hitler durch seinen Ausruf »Ein Volk, ein Reich, ein Führer« die Schrecken des Nationalsozialismus über Europa. Laßt uns also die vier Übel der Zunge vermeiden, die Lüge, Verleumdung, Doppelzüngigkeit und Hinterlist.*
   Laßt uns statt dessen unsere Worte positiv, bescheiden und gütig oder, wie der Buddhismus sagt, liebevoll sein.
4. *Shogyo, das richtige Handeln. Dieser Pfad leitet uns zur Vermeidung der drei körperlichen Übeltaten des Tötens lebender Wesen, des Stehlens und der Unkeuschheit. Wir sollten uns bemühen, aus jedem Menschen das Beste herauszuholen und in ihm die Buddha-Natur zu achten. Welches Verbrechen ein Mensch auch begangen haben mag, schon im Augenblick der Reue kann das Leben wieder zu einer Quelle des Lichtes für andere werden.*
5. *Shomyo, das richtige Leben. Dies bedeutet, daß man mit den vorhandenen Mitteln auskommen, sie richtig einteilen und alles vermeiden soll, was zu Diebstahl und Korruption führt.*
6. *Shoshojin, das richtige Streben. Diesem Pfad muß man folgen, weil er von den »Geboten der sieben Buddhas der Vergangenheit« bestimmt wurde, die in den Versen ausgedrückt sind:*

Tue nichts Böses; reinige dein Herz;
Tue alles, was gut ist: so lehren es die Buddhas.

7. *Shonen, das richtige Erinnern (von Dingen, die der Erleuchtung dienen). Die ersten sechs Pfade geben an, wie wir nach unserer eigenen Vollkommenheit streben müssen. Dieser siebte Pfad sagt uns, wie wir uns zur Außenwelt verhalten sollten. Wir müssen uns um den Frieden in der Welt und das Glück der anderen kümmern, ihr Glück mit dem unseren gleichsetzen und uns auch in den kleinsten Einzelheiten unseres Lebens nach ihnen richten.*
8. *Shojo, die richtige Fixierung (oder die Meditation). Dieser Pfad zielt stets auf das Endgültige und hindert uns daran, durch äußeren Druck schwankend zu werden. Er führt zu größerer Beharrlichkeit, zur Verbesserung des Selbst und der Mitmenschen.*
Jeder, der getreulich den Richtlinien des edlen Achtfachen Pfades folgt, wird ohne Zweifel von allen geistigen und körperlichen Leiden befreit.[55]

Schließlich kommt Nikkyo Niwano auf das nirvana zu sprechen:

Alle Dinge sind vergänglich:
Buddha sprach niemals über irgend etwas oder irgend jemand mit der absoluten Macht des Herrschers über diese Welt, in deren Mittelpunkt der Mensch steht. Statt dessen sprach er über den interdependenten Ursprung, womit er meinte, daß alle Dinge das Ergebnis von Ursachen sind. Was immer in dieser Welt existiert oder geschieht, beruht niemals auf bloßem Zufall. Alles hat eine primäre Ursache, und wenn diese mit einer sekundären Bedingung zusammentrifft, ist die Folge ein neues Phänomen und die damit stets verbundene Vergeltung. Daher ist alles, was existiert, eine Verbindung der vier Elemente: primärer und sekundärer Ursache, Ergebnis und Vergeltung. Folglich bleibt nichts in dieser Welt unverändert außer dem einen Unwandelbaren, der Wahrheit, die über al-

len Dingen ist. Und diese Wahrheit wird durch die dreifache Lehre von der Nicht-Beständigkeit, der Nicht-Persönlichkeit und vom Glück des nirvana ausgedrückt.[56]

Der japanische Buddhismus ist uns im Westen vor allem durch den *Zen-Buddhismus* bekannt, dessen Lebensweisheiten und Paradoxien (koan) den modernen und säkularen Menschen immer wieder faszinieren und ihm zugleich viele Rätsel aufgeben.

Das *Zen* (sanskrit: dhyana; chinesisch ch´an = Versenkung, Meditation) ist von dem buddhistischen Mönch *Bodhidharma* (ca. 500 bis 560) in China eingeführt worden und hat in Japan in der Kamakura-Periode (1185-1333) Fuß gefaßt. Sämtliche Zen-Schulen betreiben die Meditation als das »Sitzen im Zen« (zazen), mit dem Ziel, eine blitzartige Erleuchtung zu erleben, der – wie z.B. die Soto-Schule lehrt – ein stufenweise eintretendes Erwachen folgt.

Das Zen will keine Religion sein und folgt damit Buddhas Absicht, praktische Anweisungen zur Überwindung des Leidens und zur Beendigung des Geburtenkreislaufs anzubieten. Insofern ist Zen im wahrsten Sinne des Wortes »Lebensweisheit«.

Gehen ist Zen,
Sitzen ist auch Zen.
Rede ich, schweige ich,
Ruhe ich, eile ich:
Dem Wesen nach ist alles
Das Unbewegte (Ruhe).
Drohen mir Speer und Schwert,
Mir zuckt keine Wimper.
Schleicht Gift heran,
So bin ich nicht bange.
Seitdem mein Lehrer
Den Nento-Buddha (Buddha Shakyamuni) hatte erblicken dürfen,
War er geduldig und blieb ein Einsiedler

Einst, unabsehbare Zeit lang.
Wie oft bin ich wiedergeboren,
Wie oft wieder gestorben!
Unaufhörlich und unermeßbar
Dauerte mir mein Leben und Tod.[57]
Doch, seit ich das Ungeborene
Blitzlings erlebte,
Frage ich nichts mehr nach Glück und Unglück.[58]

Zen kann man überall in seinem Leben erfahren. Überall, in den alltäglichen Erscheinungen, ist Erleuchtung möglich und damit der Eintritt in die Buddha-Natur.

Zengeschichten voller Paradoxien und Rätseln machen immer wieder auf die praktische Anwendung der Buddhalehre aufmerksam und fordern von ihren Hörern Gelassenheit und Gleichmut angesichts der Gefahren, denen Menschen ausgesetzt sind. Eine dieser Geschichten soll hier für viele stehen. Sie soll von dem Erhabenen selbst erzählt worden sein:

Da war ein Mann, der einem Tiger begegnete, gerade als er über ein offenes Feld wanderte. Der Mann floh, aber der Tiger war ständig hinter ihm her. Auf einmal stand der Mann vor einem Abgrund und konnte sich gerade noch an der Wurzel eines wilden Weinstocks festhalten und sich hinunter über den Abgrund schwingen. Über ihm schnüffelte der Tiger nach ihm. Zitternd vor Angst schaute der Mann nach unten und gewahrte einen zweiten Tiger, der nur darauf wartete, ihn zu fressen. Nur der Weinstock bewahrte ihn noch.
Zu allem Übel sah er auch noch zwei Mäuse, eine weiß und eine schwarz, die damit begannen, die Weinranke, an der er hing, abzunagen. In diesem Augenblick bemerkte der Mann eine köstliche Erdbeere ganz in seiner Nähe. Und während er mit der einen Hand die Weinranke festhielt, pflückte er mit der anderen die Erdbeere. – O wie süß sie schmeckte.[59]

Mitten in der gefährlichen Flut des Daseins gibt es noch Augenblicke des Glücks, Inseln des Trostes und der Hoffnung. Man entdeckt sie oft im Nächstliegenden, dort, wo man sie gar nicht vermutet. Um sie zu erkennen, bedarf es einer großen Gelassenheit, und die kann nur jemand besitzen, der für das Nächstliegende ganz frei, ganz offen, ganz leer geworden ist, der »mu« ist, was soviel wie »leer und offen« heißt.

Wer dieses mu nicht erreicht, dem ergeht es so wie dem Tokyoer Professor, der den berühmten Zenmeister Nan-in aufsuchte, um bei ihm das Zen zu erlernen.

Nan-in, so erzählt die Parabel, goß dem Professor Tee ein und hörte nicht auf damit, bis die Tasse überlief. Der Professor sah das und konnte sich nicht mehr länger zurückhalten: »Die Tasse ist ja schon übervoll!« rief er. – Der Zenmeister aber antwortete ihm gelassen: »Wie diese Tasse hier, so bist auch du voll, – voll und übervoll von deinen Meinungen und Spekulationen. Wie kann ich dich das Zen lehren, wenn du nicht zuerst dein Inneres leer machst?«[60]

Nur der Mensch, der ganz leer, mu, geworden ist, vermag sich auch wieder ganz zu öffnen, um die Buddha-Natur in sich aufzunehmen und mit ihr eins zu werden. Dann erst wird er erkennen, daß alle Wesen, alle Objekte im Himmel und auf Erden von ein und derselben Quelle erleuchtet werden und bodhi, Buddha sind:

Ein und derselbe Mond spiegelt sich
In allen Wassern.
Alle Monde im Wasser
sind eins in dem einen einzigen Mond.
Die Gestalt der Wahrheit aller Buddhas
Durchdringt meine Natur,
Und die meinige wiederum
Wird Eins mit Dem, der da ist.[61]

Anmerkungen

1. vgl. André Bareau, Der indische Buddhismus, in: Die Religionen der Menschheit, Bd. 13, Stuttgart 1964, 7 u. 8.
2. Jan Gonda, Die Religionen Indiens I, in: Die Religionen der Menschheit 11, Stuttgart 1960, 208.
3. Ernst Waldschmidt, Die Legende vom Leben des Buddha, Graz 1982, 44f.
4. D. Schlingloff, Die Religion des Buddhismus, Band I: Der Heilsweg des Mönchtums, Berlin 1962, 89.
5. sämtliche hier zitierten Texte nach D. Schlingloff, a.a.O., 90-92.
6. Ernst Waldschmidt, a.a.O., 165.
7. H. Bechert/R. Gombrich, Der Buddhismus, München 1989, 35.
8. Johannes Mehlig, Weisheit des alten Indien, Bd. 2, Buddhistische Texte, München 1987, 118f., Mahavagga I, 6,10ff.
9. Ds., a.a.O., 121.
10. Moritz Winternitz, Der ältere Buddhismus, nach Texten des Tiptaka, Tübingen 1929, Religionsgeschichtliches Lesebuch 11, 11.
11. Ds., a.a.O., 27, 28/Majjhima-Nikaya 107.
12. Ernst Waldschmidt, a.a.O., 167-170.
13. D. Schlingloff, a.a.O., 97.
14. Ds., a.a.O., 99.
15. vgl. H. Bechert/R. Gombrich, a.a.O., 51
16. Karl Eugen Neumann, Die Reden Gotamo Buddhos, aus dem Pali-Kanon übertragen, Band I, Zürich, Wien, 1956, 161f.
17. Johannes Mehlig, a.a.O., 342-346/Milindapanha I, 1.
18. Ds., a.a.O., 319-221/aus dem Potthapada-Sutta, Digha-Nikaya IX, 20-30.
19. Peter Gerlitz, Die Ethik des Buddha, in: C. H. Ratschow, Die Ethik der Religionen, Stuttgart 1980, 281.
20. Kuddaka-Patha 2
21. Peter Gerlitz, a.a.O., 292.
22. Ds., a.a.O., 294.
23. Nyanatiloka, Die Lehrreden des Buddha aus der Angereihten Sammlung, Band 4, 140f./Anguttara-Nikaya VIII,44.
24. Moritz Winternitz, a.a.O., 24.

25. K.E. Neumann, a.a.O., 158f./Majjhima-Nikaya III, 2,22.
26. vgl. H. Bechert/R. Gombrich, a.a.O., 55ff.
27. Moritz Winternitz, a.a.O., 130.
28. Ds., a.a.O., 80.
29. Ds., a.a.O., 83/Itivuttaka, 27.
30. Peter Gerlitz, a.a.O., 335.
31. Nyanatiloka, Das Wort des Buddha, Konstanz, 1953, 123f.
32. Peter Gerlitz, a.a.O., 341/Anguttara-Nikaya X, 208.
33. Moritz Winternitz, a.a.O., 83f.
34. Karl Eugen Neumann, Die Lieder der Mönche: Die Reden Gotamo Buddhos, Band 3, Zürich und Wien 1957, 405/Theragatha 647f.
35. Peter Gerlitz, a.a.O., 340.
36. Nyanatiloka, Die Lehrreden des Buddha aus der Angereihten Sammlung, Band 1, Köln, 1969, 68/ Anguttara-Nikaya II, 34.
37. Ds., a.a.O., Band 2, Köln, 1969, 70/Anguttara-Nikaya IV, 63.
38. Nyanatiloka, Die Lehrreden des Buddha aus der Angereihten Sammlung, Band 2, Köln, 1969, 75/Anguttara-Nikaya IV, 70.
39. Peter Gerlitz, a.a.O., 330.
40. Ds., a.a.O., 332.
41. D. Schlingloff, Die Religion des Buddhismus, Band II: Der Heilsweg der Welt, Berlin 1963, 107f.
42. Ernst Waldschmidt, a.a.O., 237f.
43. Ds., a.a.O., 238.
44. vgl. H.-J. Klimkeit, Der Buddha. Leben und Lehre, Stuttgart/Berlin 1990, 146-157.
45. Moritz Winternitz, a.a.O., 108/Udana VIII, 1-4.
46. Ds., a.a.O., 109.
47. Ds., a.a.O., 111.
48. Ds., a.a.O., 151f., aus dem 13. Felsenedikt von Kalsi.
49. Der Wahrheitspfad, übersetzt von Karl Eugen Neumann, 3. Auflage, München 1943, Spruch 103.
50. Moritz Winternitz, Der Mahayana-Buddhismus, Nach Sanskrit- und Prakrittexten, Tübingen 1930, Religionsgeschichtliches Lesebuch 15, 34f., aus dem Vajradhvaja-Sutra.
51. Ds., a.a.O., 46f., Suvarnaprabhasa.
52. Ds., a.a.O., 81.
53. Rissho Kosei-kai. Eine buddhistische Laienbewegung, Tokyo, Kosei-Verlag, o. J., 12.
54. Rolf Italiaander, Ein Mann kämpft für den Frieden. Nikkyo Niwano, Freiburg i. Br., 1982, 79.

55. Ds., a.a.O., 80 und 83.
56. Ds., a.a.O., 70f.
57. als endlos hin- und herschwankende Erscheinungen verstanden
58. August Faust, Zen. Der lebendige Buddhismus in Japan, Darmstadt 1968, 77.
59. Paul Reps, Hg., Zen-Flesh – Zen Bones, Rutland/Tokyo, 15. Aufl., 1972, 38f.
60. Ds., a.a.O., 19.
61. August Faust, a.a.O., 82.

Literaturhinweise

Primärliteratur

Anguttara-Nikaya. Die Lehrreden des Buddha aus der Angereihten Sammlung. Aus dem Pali ins Deutsche übersetzt von Nyanatiloka, 5 Bände, Köln 1969.

Buddhistische Texte; übersetzt und herausgegeben von J. Mehlig: Weisheit des alten Indien, Band 2, München 1987.

Buddhistisches Wörterbuch, herausgegeben von Nyanatiloka, Konstanz 1952 (= Buddhistische Handbibliothek).

Dhammapada, übersetzt aus dem Pali ins Englische von F. M. Müller: Sacred Books of the East X, London 1881; Dhammapada. Aus dem Pali ins Deutsche übersetzt von P. Dahlke, Berlin, 2. Aufl. 1922.

Digha-Nikaya. Die Reden Gotamo Buddhos aus der Längeren Sammlung. Aus dem Pali ins Deutsche übersetzt von K. E. Neumann, Band 1, Zürich und Wien 1957.

Jatakam. Das Buch der Erzählungen aus früheren Existenzen Buddhas. Ins Deutsche übersetzt und J. Dutoit, München-Neubiberg 1921.

Lalita-Vistara. Aus dem Pali ins Deutsche übersetzt von S. Lefmann, zwei Teile, Halle 1902 und 1904.

Mahaparinibbana-Sutta. Aus dem Pali ins Deutsche übersetzt von J. Dutoit: Das Leben des Buddha, Leipzig 1906, 221ff.

Der *Mahayana-Buddhismus* nach Sanskrit- und Prakrit-Texten; ins Deutsche übersetzt von M. Winternitz (= Religionsgeschichtl. Lesebuch 15), Tübingen 1930.

Majjhima-Nikaya. Die Reden Gotamo Buddhos aus der Mittleren Sammlung. Aus dem Pali ins Deutsche übersetzt von K. E. Neumann, Band 1, Zürich und Wien 1956.

The Questions of King *Milinda,* übersetzt von T.W. Rhys Davids, Bände 1 und 2 (= Sacred Books of the East XXXV und XXXVI), London 1890, repr. 1965.

Die Fragen des *Milindo.* Aus dem Pali ins Deutsche übersetzt von Nyanatiloka, 2 Bände, München-Neubiberg 1924.

Pali-Buddhismus in Übersetzungen; von K. Seidenstücker, Leipzig, 2. Aufl. Leipzig 1923.

Samyutta-Nikaya. Gruppierte Sammlung der Lehrreden. Aus dem Pali ins Deutsche übersetzt von W. Geiger, 2 Bände, München 1925 und 1930.

Sutta-Nipata. Früh-buddhistische Lehr-Dichtungen. Aus dem Pali ins Deutsche übersetzt von Nyanaponika, Konstanz 1955 (= Buddhistische Handbibliothek).

Texte des *Tipitaka.* Der ältere Buddhismus. Aus dem Pali ins Deutsche übersetzt von M. Winternitz (= Religionsgeschichtl. Lesebuch 11) Tübingen 1929.

Udana. Aus dem Pali ins Englische übersetzt von der Pali Text Society, London 1940.

Visuddhi-Magga. Der Weg der Reinheit. Aus dem Pali ins Deutsche übersetzt von Nyanatiloka, Konstanz, 3. Aufl. 1975.

Sekundärliteratur

H. Bechert und R. Gombrich, Hg., Der Buddhismus. Geschichte und Gegenwart, München 1984 (Bechert/Gombrich).

H. Dumoulin, Begegnung mit dem Buddhismus, Freiburg i.Br. 1978.

Derselbe, Hg., Buddhismus der Gegenwart, Freiburg i.Br. 1970.

H. Beckh, Buddha und seine Lehre, 4. Aufl., Stuttgart 1958.

E. Frauwallner, Die Philosophie des Buddhismus, Berlin, 3. Aufl. 1969.

P. Gerlitz, Die Ethik des Buddha, in: C.H. Ratschow, Die Ethik der Religionen, Stuttgart 1980, 227-348 (Gerlitz).

H. v. Glasenapp, Die Weisheit des Buddha, Baden-Baden 1946 (v. Glasenapp).

Derselbe, Der Buddhismus – eine atheistische Religion? München, 2. Aufl. 1966.

H.-J. Greschat, Die Religion der Buddhisten, München/Basel 1980.

F. Heiler, Die buddhistische Versenkung, München, 2. Aufl. 1922.

K.N. Jayatilleke, The Message of the Buddha, London 1975.

F. Kern, Asoka, Kaiser und Missionar, Bern 1956.

H.-J. Klimkeit, Der Buddha. Leben und Lehre, Stuttgart u. Berlin 1990 (Klimkeit).

K. Leider, Buddha, Leben, Lehre, Jüngerschar, Hamburg 1968.

Nyanatiloka, Das Wort des Buddha, Konstanz. 3. Aufl. 1953 (Das Wort).

Derselbe, Der Weg zur Erlösung, Konstanz 1956 (Der Weg).

H. Oldenberg, Buddha, sein Leben, seine Lehre, seine Gemeinde, Stuttgart, 13. Aufl. 1959.

W. Rahula, Was der Buddha lehrt, Zürich 1963.

C.A.F. Rhys Davids, A Manual of Buddhism, London 1932.
O. Rosenberg, Die Probleme der buddhistischen Philosophie, Heidelberg 1924.
D. Schlingloff, Die Religion des Buddhismus, Band I: Der Heilsweg des Mönchtums, Berlin 1962; Band II: Der Heilsweg für die Welt, Berlin 1963 (Schlingloff I u. II).
H.W. Schumann, Buddhismus, Stifter, Schulen und Systeme, Olten 1976.
Derselbe, Die buddhistische Bilderwelt, 2. Aufl., München 1993.
M.E. Spiro, Buddhism and Society. A Great Tradition and its Burmese Vicissitudes, London 1971.
D.T. Suzuki, The Essence of Buddhism, London 1959.
S. Tachibana, The Ethics of Buddhism, New York, 2. Aufl. 1975.
M. Weber, Die Wirtschaftsethik der Weltreligionen. 2 Bände: Hinduismus und Buddhismus, Tübingen 1921.
S. Yamaguchi, Hg., Buddhism and Culture, Tokyo 1960.

Quellenverzeichnis

S. 13, 14, 18, 19, 23-27, 67, 68: aus: Ernst Waldschmidt, Die Legende vom Leben des Buddha, Dharma-Verlag, Heidelberg.

S. 14, 27: aus: Dieter Schlingloff, Die Religion des Buddhismus, Bd. 1: Der Heilsweg des Mönchtums, Verlag Walter de Gruyter, Berlin 1962.

S. 20, 21, 33-37, 38-40: aus: Übersetzung Johannes Mehlig, Weisheit des alten Indien, Bd. 2, Buddhistische Texte, © Gustav Kiepenheuer Verlag GmbH, Leipzig 1987.

S. 22, 47, 48, 52-54, 57, 58, 70, 71, 73, 74: aus: Moritz Winternitz, Der Mahayana-Buddhismus. Nach Sanskrit- und Prakrittexten, Verlag J.C.B. Mohr/Siebeck, Tübingen 1930.

S. 30-32: aus: Karl Eugen Neumann, Die Reden Gotamo Buddhos, aus dem Pali-Kanon übertragen, Bd. 1, © Paul Zsolnay Verlag Gesellschaft m.b.H., Wien/Hamburg 1956.

S. 54, 55, 62-65: aus: Peter Gerlitz, Die Ethik des Buddha, in: C.H. Ratschow, Die Ethik der Religionen, Stuttgart 1980.

S. 77-80: aus: Moritz Winternitz, Der ältere Buddhismus. Nach Texten des Tiptaka, Verlag J.C.B. Mohr/Siebeck, Tübingen 1929.

S. 82-85: aus: Rolf Italiaander, Ein Mann kämpft für den Frieden, Verlag Georg Westermann, Braunschweig.